Petra Urban

**Mein Herz tanzt
in den Himmel**

Petra Urban

Mein Herz tanzt in den Himmel

*Vom Loslasssen
und Neuanfangen*

Vier-Türme-Verlag

Bibliographische Information der Deutschen Nationalbibliothek

Die Deutsche Nationalbibliothek verzeichnet diese Publikation in der Deutschen Nationalbibliographie. Detaillierte bibliographische Daten sind im Internet über http://dnb.d-nb.de abrufbar.

Petra Urban, Dr. phil., 1957 in Dohna/Pirna geboren, ist aufgewachsen in Düsseldorf, wo sie Germanistik und Philosophie studierte. Seit 1992 lebt sie als freie Schriftstellerin in Bingen am Rhein. Zu ihren Veröffentlichungen gehören Romane, Erzählungen und Kurzgeschichten. Zudem hält sie Vorträge zu literarischen und lebensphilosophischen Themen und ist Dozentin für Literatur an der Akademie des Bistum Mainz. Im Vier-Türme-Verlag ist zuletzt von ihr erschienen: »Das Leben ist ein Abenteuer oder gar nichts.« Mehr unter: *www.petraurban.de*

2. Auflage 2014
© Vier-Türme GmbH, Verlag, Münsterschwarzach 2012
Alle Rechte vorbehalten

Lektorat: Marlene Fritsch
Umschlaggestaltung: P.S. Petry & Schwamb, Freiburg
Umschlagmotiv: iStockphoto.com / gilaxia
Druck und Bindung: Pustet, Regensburg
ISBN 978-3-89680-805-9

www.vier-tuerme-verlag.de

INHALT

Ein Wort vorab 7

In meinen Händen halte ich Glück 9

Bruderworte 15

Schmerzzeit 19

Von der Zauberkraft heilender Worte 29

Waldweben 43

»Komm heraus!« 47

»Licht! Liebe! Leben!« 59

Lichtblick 71

Ich schaue auf zum Himmel 73

Von Begegnung und Berührung 83

Nachhall 93

Vom Loslassen I 99

Zeitgeflüster 105

Vom Loslassen II 111

Dem Augenblick ein Lächeln schenken 121

Aus dem Leben ein Fest machen 133

Den Tisch des Lebens mit Freude decken 145

Du bist in jedem Augenblicke neu 153

Für Rita

Ein Wort vorab

Eines aber tue ich,
ich vergesse,
was hinter mir liegt,
und strecke mich nach dem aus,
was vor mir ist.

PHILIPPER 3,13

»Loslassen« ist ein Thema, das uns Zeit unseres Lebens nicht loslässt. Ein Lebensthema sozusagen, das auf geheimnisvolle Weise doppelgesichtig ist, lachend und weinend zugleich. Das bei aller Schwere, die es mit sich bringt, wenn wir von Tod und Abschied reden, immer auch von Leichtigkeit erzählt. Dann nämlich, wenn wir seelischen Ballast abwerfen, uns von unguten Gedankenmustern befreien, uns von all dem trennen, was uns von der Freude trennt; wenn wir erkennen, dass im Loslassen die Chance steckt, neues Glück zu erfahren.

Wie die Landschaft, die wir aus dem Fenster eines fahrenden Zuges betrachten, so ziehen auch die Geschichten und Gedanken in diesem Buch bunt und abwechslungsreich an uns vorüber. Ein Strom von Bildern, in den wir eintauchen dürfen, aber nichts festhalten, vielmehr alles, was vorüberzieht, lächelnd auch wieder loslassen. So bleiben wir bei aller Schwere, die das Leben mit sich bringt, im Ganzen doch leicht. Und genau darum geht es.

In meinen Händen halte ich Glück

*Jedes Neue,
auch das Glück,
erschreckt.*

FRIEDRICH SCHILLER

In einem der wohl bekanntesten Märchen der Brüder Grimm jubiliert der Held am Ende: »So glücklich wie mich gibt es keinen Menschen unter der
Sonne.« Es ist Hans im Glück, jener tölpelige, etwas
tumbe Bursche, der so gar nicht am Besitz klebt,
vielmehr alles, was er auf seiner Wanderschaft er-
hält, mit Leichtigkeit und Freude wieder hergibt.

Dass ihn jeder kennt, diesen Leichtfuß, aber
noch lange nicht jeder mag, diesen seltsamen Ein-
faltspinsel, habe ich erst kürzlich wieder erlebt, als
mich eine Bekannte gebeten hatte, das Märchen auf
dem siebzigsten Geburtstag ihres Mannes vorzule-
sen. Es war unglaublich. Kaum hatte ich den letzten
Satz zu Ende gesprochen, brach an allen Tischen
eine lebhafte Diskussion los. Bis in die Nacht hinein sorgte die Geschichte von jenem Hans, dessen
Herz so gar nicht am Gold hängt, für Zündstoff.

Selbst Tage später noch wurden die unterschiedlichen Positionen telefonisch diskutiert. Ein Märchen vom Glück also, an dem sich die Geister scheiden. Was aber passiert denn eigentlich genau in diesem Märchen?

Da tauscht jener Hans, der seinem Herrn sieben Jahre lang treu gedient hat, auf seiner Wanderschaft nach Hause eine Reihe recht unterschiedlicher Güter. Güter, von denen ihm das eine scheinbar genauso lieb oder unlieb ist wie das andere. So tauscht er einen beachtlichen Klumpen Gold gegen ein Pferd, das Pferd gegen eine Kuh, die Kuh gegen ein Schwein und immer so fort, bis er am Ende zwei Schleifsteine besitzt. Und während diese Steine bei einer wohlverdienten Rast in einen Brunnen fallen, heißt es im Text der Brüder Grimm: »Mit leichtem Herzen und frei von jeglicher Last lief er nun weiter.«

Mich selbst hat dieses Märchen schon als Kind derart fasziniert, dass ich es wieder und wieder gelesen habe. Einerseits habe ich mich natürlich über diesen dummen Hans aufgeregt, der so gar nicht gescheit handelt und verhandelt auf seinem Weg, der lächelnd sein Gold und alle seine Tiere hergibt, um schließlich mit leeren Händen dazustehen. Andererseits aber habe ich ihn auch bewundert und sogar ein wenig beneidet, weil er diesen Weg so erstaunlich heiter und leichtfüßig geht, also im wahrsten Sinne des Wortes unbeschwert.

Gewiss hat mich dieses Märchen so nachhaltig be-eindruckt, weil es mir – wie Märchen das nun einmal tun – bereits in Kindertagen auf unbewusste, spielerische Art und Weise eine wichtige Lebenslektion erteilt hat, die schlichte Wahrheit und Weisheit nämlich, dass, wer leichten Herzens durchs Leben gehen und dabei Glück in Händen halten will, vor allem eines können muss: loslassen. Klingt einfach. Ist es aber nicht. Zumindest nicht immer.

Vor Jahren einmal habe ich eine Szene erlebt, die mir wohl deshalb im Gedächtnis geblieben ist, weil sie so menschlich, so allzu menschlich war. Das Ganze spielte in einem Garten-Café. Die Welt an jenem Tag ein Sommernachmittagstraum. Azurblauer Himmel, watteweiße Wölkchen, die wie Segelschiffchen dahinglitten, Sonnenschein. Alle Tische im Café besetzt, jede Menge quirlige, spielende Kinder. Entspannte, lockere Atmosphäre. Bis ein Junge sein Fahrrad ins Gras legt und ein anderer, der nur auf diesen Augenblick gewartet zu haben scheint, herbeieilt und es aufhebt. Draufsteigen und losfahren kann er nicht, dazu ist er definitiv noch zu klein. Aber festhalten kann er es. Und das kann er gut.

In die sommerliche Idylle hinein ertönt die Stimme der Mutter, federleicht und glockenzart. »Paul!«, ruft sie, »gib dem Jungen das Fahrrad zurück.« Paul schüttelt den Kopf. Der rechtmäßige Besitzer des Fahrrads heult auf.

Die Mutter wiederholt ihren Befehl. Freundlich, aber bestimmt. »Paul, gib dem Jungen das Fahrrad zurück!« Paul schüttelt erneut den Kopf.

Jetzt erhebt sich die Mutter, erklärt laut und deutlich, was Eigentum bedeutet. Paul interessiert das nicht. Paul hält das Fahrrad fest.

Die Mutter verlegt sich aufs Betteln. Gleichzeitig mischt sich der Vater des anderen Jungen ein, erhebt sich von seinem Tisch und betritt siegessicher die Arena. Lächelnd geht er vor Paul in die Hocke, redet zu ihm wie von Mann zu Mann. Keine Chance.

Und jetzt kommt der Trick der Mutter. Eine Art List. Eine rhetorische Finesse sozusagen. »Die Mama geht jetzt!«, sagt sie, winkt, nimmt ihre Handtasche vom Stuhl und geht tatsächlich. »Tschüss, Paul!«, ruft sie aus einiger Entfernung und dann gleich nochmal: »Tschüss, Paul!«, und dabei winkt sie unermüdlich.

Paul schaut ihr nach und überlegt. Jeder, der es sehen will, kann es sehen. In seinem kleinen Gesicht arbeitet es, kämpft es. Dann aber trifft er eine Entscheidung. »Tschüss, Mama!«, ruft er, steht da und hält das Fahrrad fest.

Wie die Mutter ihn letztendlich davon getrennt hat, weiß ich nicht mehr. Ich kann mich nur daran erinnern, wie herzzerreißend und steinerweichend der Junge geweint hat, als er das Fahrrad loslassen musste. Und dass er mit nichts, aber auch wirklich gar nichts in dieser für ihn so entzauberten Welt zu trösten war.

Was dieser kleine Paul damals schmerzhaft erlebt hat, kennen wir alle. Anders zwar, aber irgendwie doch auch wieder ähnlich. Wir möchten etwas Geliebtes nicht hergeben, möchten es unter allen Umständen festhalten, sind sogar bereit, schweren Herzens vielleicht, aber immerhin etwas anderes dafür zu opfern. Und so klammern wir uns an das, was wir behalten wollen, weigern uns krampfhaft, es loszulassen.

Loslassen aber gehört nun einmal zum Leben. Fast hätte ich gesagt: Leben ist Loslassen. Wir alle müssen loslassen: Begonnenes und Vollendetes, Werdendes und Vergehendes, Welkendes und Wachsendes, Bruchstückhaftes, Erreichtes und Unerreichtes, Geliebtes und Ungeliebtes.

Schließlich und endlich müssen wir auch das Leben selbst loslassen, dieses ach so wertvolle Geschenk von höchster Stelle. Und nicht einmal den Zeitpunkt bestimmen oder wissen wir.

»Der Tod ..., wir sind die seinen«, heißt es bei Rainer Maria Rilke, »wenn wir uns mitten im Leben meinen, wagt er zu weinen, mitten in uns.« Und an anderer Stelle sagt er: »Der große Tod, den jeder in sich hat, das ist die Frucht, um die sich alles dreht.«

Neben diesem endgültigen, diesem »großen« Loslassen sozusagen aber gibt es das »kleine«, das lebenslängliche Loslassen, zu dem wir täglich, ja tagtäglich aufgefordert sind. Eine Aufgabe, die uns oftmals nicht gefällt, lebt doch diese Sehnsucht in uns, dass Dinge möglichst bleiben, beständig sind.

Es kennt wohl jeder dieses Gefühl, wenn er nach langer Abwesenheit an einen vertrauten Ort, einen Ort seiner Kindheit vielleicht, zurückkehrt, und dort die Häuser und Straßen unverändert vorfindet. Die Freude, die uns bei diesem Anblick überfällt! »Die Zeit ist stehen geblieben«, sagen wir dann gern, wohl wissend, dass genau das nicht der Fall ist. Denn alles fließt, »panta rhei«, formuliert es der Philosoph Heraklit, alles verändert sich. Wir steigen nicht zwei Mal in denselben Fluss. Selbst wenn die leblosen Dinge vergangener Zeiten uns anlächeln wie einst, wir selbst, die wir zurücklächeln, sind andere geworden im Lauf der Jahre, im Strom der Zeit. Leben heißt, die Veränderungen und Verwandlungen, die es mit sich bringt, die Vergänglichkeit, die ihm geheimnisvoll und unabänderlich eingeschrieben ist, anzunehmen. Bedingungslos. Wer das nicht akzeptiert, läuft Gefahr, krank zu werden.

Bruderworte

Klaus-Dieter. Kaum schreibe ich den Namen mit dem Bindestrich aufs Papier, höre ich auch schon deinen Einspruch, weil du so nicht genannt werden willst. Dieser Doppelname hat dir nie gefallen. Mir schon. Aber das ist nicht wichtig. Du bist »Klaus« und »Klaus-Dieter« zugleich, warst mein Bruder, mein großer Bruder.

Für dich will ich Worte finden, Worte, die dich festhalten und an denen auch ich mich festhalten kann, wenn die Angst wiederkommt, dich noch einmal zu verlieren. Der Tod kann dich ein zweites Mal nicht holen und die Erde dich nicht ein zweites Mal verschlucken. Aber die Zeit macht mir Angst, weil sie Bilder von dir in meinem Kopf auslöscht. Ich will dich beschützen vor ihr, so wie du mich früher auch beschützt hast, will Erinnerungen um dich legen.

Weißt du noch, Bruder, unsere letzte Begegnung? Der Sommer lag brütend auf der Stadt und schon seit Wochen herrschte diese unerträgliche Hitze. Du wolltest mich besuchen und hast regelrecht ge-feilscht um das passende Datum. Das Treffen schien dir wichtig zu sein, sehr wichtig sogar. »Ich bringe die Jungen mit«, hast du gesagt, »sie wollen endlich dein neues Haus kennenlernen.«

Deine Stimme klang erstaunlich ruhig. Wann hatte ich dich das letzte Mal so entspannt sprechen gehört? Ich saß an meinem Schreibtisch, das Telefon in der Hand, und starrte in den Hof hinaus. »Das Haus wird ihnen gefallen«, sagte ich, »sie werden staunen«.

Dann aber war ich es, die staunte. Denn aus den beiden Jugendlichen waren über Nacht junge Erwachsene geworden. Meine Sprachlosigkeit amüsierte dich. »Daran merkt man, dass man selbst alt wird, nicht wahr?«, hast du gesagt und warst so fröhlich, so gut gelaunt. Von der Gelassenheit am Telefon allerdings war dir nichts geblieben. Stattdessen hast du wieder diese seltsame Unruhe verbreitet. Ja, Bruder, es war etwas Atemloses in deinem Wesen, etwas Rastloses, beinah so, als hättest du es eilig auf dieser Welt, von Anfang an eilig, als müsstest du wie die weit ausschreitenden Figuren von Giacometti, die du so sehr gemocht hast, pausenlos in Bewegung bleiben, als würde Stillstand Tod bedeuten.

Wir lachten viel an diesem Tag, sprachen über die Zukunft der Kinder, die nun keine Kinder mehr waren, und gingen in der größten Hitze am Rhein spazieren. Mittagszeit, gleißend helles Sonnenlicht, kaum Bewegung in der flimmernden Luft, nur der Staub, der bei jedem unserer Schritte hochwirbelte und sich wie eine zweite Haut auf alles legte, auch auf die Sonnenblumen am Wegrand, die müde ihre Köpfe hängen ließen.

Unser Abschied am Abend verlief rasant und schnell. Wie immer eigentlich. Du mochtest kein in die Länge gezogenes Lebewohl. Gleich nach dem Essen bist du aufgesprungen und zur Tür geeilt. »Du bist blass«, hast du noch gesagt, als du bereits in der Gasse standest, »pass in Zukunft besser auf dich auf.« Und dann warst du fort. Fort für immer.

Am nächsten Morgen kam eine letzte Mail von dir, ein kurzer, knapper Gruß und ein Zwei-Minuten-Film, mit dem Handy aufgenommen. Unser Spaziergang am Rhein. Und obwohl du nicht zu sehen bist, bist du doch da, weil du mit uns redest und lachst, während du filmst. Und genauso ist es geblieben, Klaus-Dieter, du bist da, obwohl du fort bist.

Schmerzzeit

Steh auf und tritt in die Mitte.

MARKUS 1,6

Die Idee, meine Trauer um meinen toten Bruder in Worten festzuhalten, kam mir erstaunlicherweise durch einen Witz, den jemand erzählte.

Es war während der Vorbereitungen zu einer Ausstellung im Mainzer Rathaus gewesen, wo ich die Laudatio auf die Künstlerin halten durfte. Mittagszeit. Hungrig und müde saßen wir am Tisch, eine kleine Gruppe Kreativer, die aufs Essen wartete und auf den Rhein hinausschaute, wo sich zwei Lastschiffe, ähnlich erschöpft wie wir selbst, langsam aneinander vorbeischoben. Plötzlich sagte jemand: »Läuft ein Mann mit einem Pinguin über die Straße und fragt einen Polizisten, was er machen soll, das Tier würde ihm ständig folgen. Antwortet der Polizist: ›Gehen Sie doch einfach mal in den Zoo.‹ Am nächsten Tag kommt der Mann mit dem Pinguin wieder. ›Waren Sie gestern nicht im Zoo?‹, fragt der Polizist. ›Doch‹, sagt der Mann«, ›und heute gehen wir ins Kino.‹«

Ich habe so über diesen Witz gelacht, dass alle anderen am Tisch mich ganz verdutzt angesehen haben. Und es war dieses fröhliche Lachen, so lange nicht gehört aus meinem Mund, dieses unbeschwerte Lachen, das mich anfeuerte, jene dunkle Zeit in Worte zu fassen.

»Kein Menschenleben ist ohne Wunden«, heißt es in dem Gedicht »Ahasver, der ewige Jude« von Nikolaus Lenau. Natürlich hat der melancholische Dichter recht. In unser aller Leben gibt es Zeiten, die uns in rabenschwarze Verzweiflung stürzen und die wir, sobald wir sie überstanden haben, am liebsten vergessen, abstreifen möchten wie eine alte, überflüssig gewordene Haut. Dennoch sind es Zeiten, über die das Sprechen lohnt, weil sie etwas Wesentliches zurücklassen: uns selbst, als Veränderte, als in der Tiefe Verwandelte.

Als mein Bruder völlig unerwartet mit nur zweiundfünfzig Jahren gestorben war, habe ich mich so lange geweigert, seinen Tod zu akzeptieren, bis ich seelisch völlig aus dem Gleichgewicht geraten und körperlich krank geworden war. Seltsam eigentlich. Da hatte ich in meinen Vorträgen immer wieder übers Loslassen geschrieben und mit guten, wohlgesetzten Worten sehr plausibel und nachvollziehbar ausgeführt, wie sinnlos, wie zerstörerisch und lebensfeindlich eine solche Verweigerung, ein solcher Widerstand ist – und dann das: diese völlige Hilflosigkeit. Dieses Ausgeliefertsein. Diese Unfähigkeit, das Unabänderliche anzunehmen und hinzunehmen.

Über Nacht war die Welt mir fremd und ich selbst in dieser entfremdeten Welt zu einem traurigen Ratgeber geworden, mit guten Worten allein für andere.

Da mein Kalender Vorträge, Lesungen und Seminare im ständigen Wechsel diktierte, redete ich damals schier ununterbrochen. Je mehr ich aber redete, desto stiller wurde es in mir. Beängstigend still. Und obwohl ich, rein äußerlich betrachtet, gut funktionierte, war ich innerlich leer, ausgehöhlt wie ein kranker Baum. Redend und dabei doch schweigend zog ich mich in mich selbst zurück, dorthin, wo meine Vergangenheit plötzlich lebendiger war als meine Gegenwart, dorthin, wo der weite Himmel meiner Kindheit sich freundlich lächelnd über mir ausbreitete.

An der Seite meines kleinen großen Bruders durchstreifte ich das Dorf unserer Großeltern in Norddeutschland. Ich roch die Sommerwiesen, in denen wir gespielt hatten, die Brombeerbüsche entlang der Bahn, sah unsere selbstgebastelten Drachen durch die blaue Luft tanzen, den Bumerang, diesen seltsam gebogenen Himmelsstürmer, der nie zu uns zurückkehren wollte, sah die Erwachsenen im Licht der Abendsonne unter dem alten Pflaumenbaum sitzen, hörte sie im Garten noch lachen, als wir Kinder längst im Bett lagen, roch den Wind, der sich mit dem Duft der Kornfelder zu uns ins Zimmer verirrt hatte, hörte die Stimme meines Bruders in der Dunkelheit, die ratternden Züge in der Nacht.

Jede meiner Erinnerungen brachte eine andere Erinnerung mit, hielt sie an der Hand, so wie auch wir Kinder uns an den Händen gehalten hatten. Wie ein Echo klang das Lachen meines Bruders in all diesen Bildern nach, begleitete mich, die ich ihm auf Schritt und Tritt folgte. Ich sah ihn am Kicker stehen, schlank und schlaksig, sah seine leuchtenden Augen und wie er sich durchs blonde Haar fährt, die Leichtigkeit, mit der er den Ball führt, die Freude am Spiel – wer gewinnt ist egal, nur die Freude soll sein, nur das Spiel, nur das Leben.

Zeit verging. Viel Zeit. Wochen und Monate, in denen ich tagsüber häufig müde war, nachts dagegen wach lag und in die Dunkelheit starrte. Und während ich die Schläge der Turmuhr zählte, die düsterer und trauriger als bei Tag klangen, fragte ich mich, warum der Tod meinen Bruder so früh geholt hatte und warum er andere Menschen – Menschen, die alt und krank sind und ihn sehnlichst herbeiwünschen – so lange warten lässt. Und mir fiel die uralte, kleingehutzelte Frau Scherer aus Kindertagen ein, die nicht viel größer gewesen war als ich und mir weinend und naseschnäuzend ins Ohr geflüstert hatte, dass der liebe Gott sie wohl vergessen habe oder womöglich gar nicht haben wolle.

Nach wie vor hielt ich Vorträge, Lesungen und Seminare. Sobald ich aber zu Hause und allein war, verkroch ich mich in der Vergangenheit wie in einer wohlig warmen Höhle. Etwas allerdings hatte sich im Lauf der Zeit verändert. Es war ein leiser, schleichender Prozess gewesen, den ich nicht weiter bemerkt hatte: Auf einmal hatte nicht mehr ich die Erinnerungen, sondern es war andersherum: die Erinnerungen hatten mich.

Mein Alltag fiel mir zusehends schwerer. Es war, als hätte mein Bruder einen Großteil meiner Kraft mitgenommen, Kraft, die jetzt neben ihm auf dem Waldfriedhof im Schatten der hohen Bäume lag und die mir zum Leben fehlte.

Alles strengte mich an. Jede Bewegung. Jedes Wort. Jeder Blick. Alles machte mich müde, schwer und unbeweglich. Und auf einmal wollte ich nur noch liegen und schlafen, immerzu liegen und schlafen, schlafen und am liebsten gar nicht mehr aufwachen müssen. Im tiefsten Innern meiner Seele beneidete ich meinen Bruder plötzlich, der so friedlich in der dunklen Erde lag, wollte Ruhe haben wie er, warme, dunkle Ruhe und keine Schmerzen mehr, keine Tränen, keine Erinnerungen.

Ich verlor jeglichen Appetit auf mein Leben. Alles das, was ich bis dahin gern und mit Freude getan hatte, interessierte mich nicht mehr. Ich hörte keine Musik, las keine Zeitungen, traf mich vor allem nicht mit Freunden, mochte nicht reden, mich nicht mitteilen müssen. Ich saß nur da, saß am Fenster wie ein zurückgelassener Hund, der nach draußen guckt und wartet und durch nichts von der Stelle zu bewegen ist. Mitunter saß ich so bis in die

Abendstunden hinein, bis sich die Dämmerung in den Innenhof meines kleines Hauses schlich und die weißen Wände blau färbte.

Noch nicht einmal spazieren gehen mochte ich. Robert Walser, ein Schriftsteller, mit dem ich die Leidenschaft fürs Gehen teile, hat einmal gesagt und mir damit aus der Seele gesprochen: »Ohne Spazieren wäre ich tot, und mein Beruf, den ich leidenschaftlich liebe, wäre vernichtet.« So wie er, der Unermüdliche, brauchte ich diese kleinen Fluchten innerer Einkehr. Jetzt aber mochte ich noch nicht einmal vor die Tür gehen. Mit der gleichen Ausdauer, mit der ich ansonsten durch die Weinberge oder den Wald gelaufen war, saß ich nun zu Hause und grübelte über Fragen nach, auf die ich weit und breit keine Antworten fand.

Ich fragte mich, ob mein Bruder bei unserem letzten Telefonat wohl geahnt hatte, wie wenig Zeit ihm noch verbleiben würde. Ob er vielleicht nur deshalb so hartnäckig um einen raschen Termin gefeilscht hatte, weil er gespürt hatte, dass er sich beeilen musste, dass dieser Besuch mit seinen beiden Jungen sein letzter bei mir sein würde. Ich fragte mich auch, bis ich vor Erschöpfung ganz krank war, ob ich etwas hätte merken müssen, damals bei unserem letzten Gespräch. Ob es Anzeichen für seinen baldigen Tod gegeben hatte, untrügliche Zeichen, die mir, der Schwester, hätten auffallen müssen. Veränderungen in seiner Stimme zum Beispiel, seinem

Lachen, Andeutungen, Worte, die ich womöglich überhört oder zu wenig beachtet hatte.

Um mich nicht gänzlich aus den Augen zu verlieren, versuchte ich den Roman fertig zu stellen, für den ich zwei Tage vor dem Tod meines Bruders einen Preis bekommen hatte (ein Preis, der literarische Projekte im Entstehen fördert). Aber die Geschichte meiner »Flaneurin«, die ich mit so viel Verve und Freude entworfen und begonnen hatte, interessierte mich nicht mehr. Ich saß an meinem Schreibtisch und starrte vor mich hin. Da war kein Wort, kein einziger Satz und auch kein Gedanke, der zu mir wollte. Da war nichts. Nur Leere. Und irgendwann die Angst, abzustürzen, hineinzustürzen in diese wortlose Leere, diese unendliche Tiefe, die ich selbst war.

Mein Körper begann eine eigene Sprache zu sprechen. Ich litt unter ständigen Kopf- und Magenschmerzen. Und obwohl ich mich auf Anraten einer Freundin, einer Heilpraktikerin und Hildegard-Expertin, nach Rezepten der heiligen Hildegard von Bingen zu ernähren versuchte und meine Tage mit Birnenmus mit Galgant begann, besserte sich mein Zustand nicht. Egal, wohin ich schaute, da waren nur Traurigkeit und dieses Gefühl grenzenloser Erschöpfung.

Gleichzeitig aber war über Nacht eine seltsame Wut in mich hineingekrochen, von der ich nicht wusste, wo sie herkam, nicht spüren konnte, wo sie hingehörte, die aber unbedingt heraus wollte, besser gesagt, heraus musste, das merkte ich deutlich, weil ich ansonsten, so mein Empfinden, an ihr erstickt wäre.

Ich glich dem Kranken aus dem Markusevangelium, der sein Leben nicht mehr selbst in die Hand nehmen kann. Jesus ruft diesen Namenlosen mit der »verdorrten« Hand im Gleichnis zuallererst in die »Mitte«: »Und er spricht zu dem Menschen, der die verdorrte Hand hatte: Steh auf und tritt in die Mitte.« (Markus 3,1–6)

Und so wie dieser hatte auch ich das Gefühl, endlich aufstehen und in meine eigene Mitte gehen zu müssen, an jenen Ort also, wo Heilung stattfinden kann, wo das Unbewegliche, das Erstarrte, das Gelähmte in mir wieder in Bewegung, in Fluss kommen würde.

Ich entschied mich dafür, mir Hilfe zu suchen. Und es war eine gute, im Nachhinein würde ich sagen: eine lebenswichtige Entscheidung, denn die Gespräche, dieser »Tanz« um meine Mitte, halfen mir, den so wichtigen Abschied von meinem Bruder im Herzen vorzubereiten, waren der Beginn einer wunderbaren Lebendigkeit und einer neuen Freundschaft mit mir selbst.

»Wenn du Hilfe brauchst«, sagt ein Sprichwort, »schau an deinem rechten Arm herunter.« Wohl gesprochen. Aber was nützt ein kräftiger, ein tatkräftiger Arm, wenn die Hand daran nicht zupacken, die anstehenden Probleme aus was für Gründen auch immer nicht anpacken kann. Manchmal ist es gut und wichtig, zu akzeptieren, dass wir die Aufgaben, die das Leben an uns stellt, allein nicht mehr stemmen können und dass es höchste Zeit ist, sich nach helfenden Händen umzuschauen, die Signale des Körpers, die er uns verzweifelt sendet, seine Hilferufe auch wirklich ernst zu nehmen.

Ausschlaggebend für meine Entscheidung, eine Psychologin aufzusuchen, waren letztendlich meine extrem schlechten Blutwerte. Blut, dieser »ganz besondere Saft«, hat für mich seit jeher eine ganz wichtige Bedeutung. Ist doch das Blut eines Menschen ein wunderbares Symbol seiner Lebenskraft, seiner fließenden Energien, seiner sprudelnden Vitalität und Lebensfreude. Dass mein Blut in einem solch schlechten Zustand war, empfand ich wie eine rote Karte, die mir das Leben zeigte. Ein Alarmsignal, das mir unmissverständlich zu verstehen gab, dass ich so wie bisher auf gar keinen Fall weitermachen durfte. Meine Trauer war zu einem Labyrinth geworden, aus dem ich den Weg allein nicht mehr hinausfand.

Von der Zauberkraft heilender Worte

Erst habe ich gemerkt ... wie es ist.
Und dann habe ich verstanden, warum es so ist –
und dann habe ich begriffen,
warum es nicht anders sein kann.
Und doch möchte ich, dass es anders wird.
Es ist eine Frage der Kraft.
Wenn man sich selbst treu bleibt ...

KURT TUCHOLSKY, »SCHLOSS GRIPSHOLM«

Es ist doch wirklich eigenartig. Wenn wir erkältet sind, gehen wir völlig selbstverständlich zum Hausarzt, und wenn uns der Rücken schmerzt, gehen wir genauso selbstverständlich zum Orthopäden. In beiden Fällen empfinden wir keinerlei Scheu, über diese Arztbesuche in der Öffentlichkeit zu reden. Wie seltsam verschwiegen aber geben wir uns, wenn es um die Behandlung unserer schmerzenden Seele geht. Als würden wir uns dieser Wunden schämen, als dürfe kein Mensch je davon erfahren. Dabei ist es doch kein Zeichen von Schwäche, wenn wir uns eingestehen, dass wir Hilfe brauchen. Ganz im Gegenteil. Sich kraftlos um Kraft zu bemühen, zeugt meines Erachtens eindeutig von Stärke. Deshalb ist es gut und gesund, sich mit erhobenem Haupt um Beistand zu bemühen und gar nicht erst so lange zu warten, bis man seelisch völlig »verdorrt« ist. Natürlich ist jeder therapeutische Prozess, unabhängig von seiner Dauer, ein komplexer und vielschichtiger Vorgang. Etwas, das in wenigen Sätzen nicht hinreichend einzufangen ist, weil das Ganze eindeutig mehr als die Summe seiner Teile ist. Dennoch möchte ich versuchen, einige wenige Punkte aus dem wertvollen Ganzen herauszugreifen, um zu zeigen, wie ich in den Gesprächen über Gegenwärtiges und Gewesenes mir selbst ganz neu begegnet bin, wie ich meinen eigenen Spuren in die Vergangenheit gefolgt bin, Traumbilder mir Verborgenes sichtbar gemacht haben, wie Gefühle, die lange schon ein- und weggesperrt waren, befreit wurden.

Die Psychologin, zu der ich mich nach einem langen Gebet auf den Weg machte und die ich im Folgenden Frau K. nennen möchte, empfing mich in einem hellen, freundlichen Raum. Und kaum hatte ich meine Schuhe ausgezogen und die ersten Schritte in diesen Raum gewagt, versicherte sie mir, dass keines unserer Worte ihn jemals verlassen würde. So saß ich ihr gegenüber in dem bunten Sessel und begann auch schon zu reden, redete mit einer erstaunlichen Selbstverständlichkeit. Vielleicht, weil alles, wie sie betonte, in diesem Raum Thema sein durfte.

Ich erzählte ihr, dass ich in der letzten Zeit einige Male von einem Gefängnis geträumt hatte, einem Ort, der angenehm ruhig gewesen war und der mich erstaunlicherweise gar nicht erschreckt oder geängstigt hatte. Ganz im Gegenteil. Überaus zufrieden hatte ich dort in einer hellen, freundlichen Zelle gesessen und darüber nachgedacht, welche Bücher ich hier gern lesen würde. Während des Redens über diesen Traum stellte ich fest, dass es sich bei dem freundlichen Gehäuse weniger um eine Gefängniszelle als vielmehr um eine Klosterzelle gehandelt hatte. Und mir wurde schlagartig klar, von welch lebendiger Sehnsucht dieses Bild in mir kündete: Wie dringend ich mir nämlich nach dem Tod meines Bruders eine Auszeit gewünscht hätte, eine Phase der Ruhe und der Besinnung.

Während ich Frau K. erzählte, dass ich anstelle eines Rückzuges wie ein Uhrwerk funktioniert hatte und auch noch stolz darauf gewesen war, keinen einzigen meiner vielen Termine abgesagt zu haben, gingen mein Geist und meine Fantasie plötzlich spazieren. Zu meinem eigenen Erstaunen fiel mir mein ehemaliger Germanistik-Professor ein, jener einfühlsame Mentor, bei dem ich – über zwanzig Jahre war das her – gerade mein Examen angemeldet hatte, als mein Vater völlig überraschend gestorben war. Der Professor hatte mir damals in einem sehr persönlichen Gespräch, bei dem er mir vom Unfalltod seiner eigenen Eltern erzählte, geraten, mir »Urlaub vom Leben« zu nehmen. Eine Formulierung, die mir seinerzeit sehr geholfen hatte, weil sie mich darin bestärkte, meine Prüfung zu verschieben und mir die Trauer um meinen Vater zuzugestehen.

Ob ich mir vorstellen könne, wollte Frau K. wissen, warum ich mir nach dem Tod meines Bruders einen solchen »Urlaub vom Leben« nun so gar nicht gegönnt hätte? Ich argumentierte spontan mit meiner finanziellen Situation. Schließlich war ich damals Studentin gewesen und von zu Hause aus gut versorgt. Jetzt aber musste ich meinen Lebensunterhalt selbst verdienen, was als Schriftstellerin keine einfache Sache war.

Da mein Gegenüber schwieg, redete ich weiter über Geld und Geldprobleme, redete und redete, und je länger ich redete, umso deutlicher kristallisierte sich zwischen den Zeilen heraus, warum ich tatsächlich bis zur Erschöpfung mein Pflichtprogramm durchgezogen hatte. Das hatte nicht im Geringsten etwas mit meiner finanziellen Situation zu tun. Die Energie für mein Handeln speiste sich aus viel tieferen Quellen meines Ichs. Schritt für Schritt kam ich mir selbst auf die Spur. Verkürzt dargestellt könnte ich das, was mich angetrieben hatte, so beschreiben: Ich wollte – da Funktionieren in unserer Familie von jeher ein wichtiges, wenn nicht gar das wichtigste Thema war – dem Leitspruch meiner Mutter treu bleiben. Ein Leitspruch, ein Lebensmotto, das mich nachhaltig geprägt hat, das aber auch meine Mutter nachhaltig geprägt hat, weil sie es wiederum von ihrer Mutter übernommen hatte. Ein Mehrgenerationenmotto also, eine Lebensmaxime, die wie eine gehisste Fahne über den Frauen unserer Familie flatterte, und die in etwa so lautete: Wie es drinnen aussieht, geht niemanden etwas an, nach außen wird ein freundliches Gesicht gezeigt.

Und genau so hatte ich es gemacht. Ich hatte meine Empfindungen heruntergewürgt, bis sich mir der Magen förmlich herumgedreht hatte. Und dann hatte ich ein Lächeln aufgesetzt und funktioniert wie eine gefühllose Maschine. Ich hatte tatsächlich so getan, als wäre nichts, aber auch wirklich gar nichts geschehen in meinem Leben, als wäre alles gut und wie immer. Aber nichts war gut und nichts war wie immer gewesen. Mein Bruder war gestorben.

Mir fiel ein, wie ich Wochen nach seinem Tod durch ein Versehen meiner Schwägerin, die in der Eile einen falschen Knopf gedrückt hatte, ganz unverhofft seine Stimme auf dem Anrufbeantworter gehört hatte und bei dem so vertrauten Klang regelrecht in die Knie gegangen war. Während Frau K. nickte und ganz ruhig feststellte, wie traurig es ist, den einzigen Bruder, das einzige Geschwister zu verlieren, kam die ganze Wucht dieses Gefühls plötzlich bei mir an. Schlagartig. Als hätte sich diese Emotion, irgendwo in meinem Inneren eingesperrt und weggesperrt, mit einem Mal befreit und würde mich wie eine riesige Welle mit sich reißen. Ich kann nicht sagen, wie lange ich geweint habe, ich weiß nur, dass es eine Erfahrung war, die ich während der nächsten Gespräche immer wieder machen durfte, dass die Tränen, die ich in jenem geschützten Raum, jener »Höhle« weinte, Gefühle aus mir herausspülten, die lange schon heraus wollten. Gefühle, über die ich endlich auch einmal sprechen wollte. Diese seltsame Starre zum Beispiel, in der ich mich nach dem Tod meines Bruders befunden hatte, und diese Leere, die ich gespürt und die mich regelrecht gelähmt hatte, dieses Gefühl von Einsamkeit und Hilflosigkeit. Als ich diese Empfindungen versuchte zu beschreiben, fiel mir, wieder zu meinem eigenen Erstaunen und wie aus heiterem Himmel, ein Erlebnis aus Kindertagen ein. Mein Gott, wie lange das her war! Kaum aufgefordert, davon zu erzählen, raste ich auf der Überholspur zurück in meine Vergangenheit.

Es war im Sommer gewesen. Ein Abend voller Duft und Wärme. Letzte Sonnenstrahlen auf den Wiesen und ein leichter Wind, der das hohe, goldgelbe Korn auf den Feldern bewegte. Wir hatten einen Ausflug gemacht und waren auf dem Rückweg zu den Großeltern, die mit dem Abendbrot – es sollte frisch geräucherten Aal geben – längst auf uns warteten. Mein Vater, der am Steuer saß, hatte eine Abkürzung genommen. Ich hörte seine Stimme, sein Lachen und seinen Aufschrei, als der Wagen ihm plötzlich nicht mehr gehorchte und wie ein wütendes, wildes Tier auf dem sandigen Weg hin und her peitschte und schließlich ungebremst gegen einen Baum schleuderte. Durch die Wucht des Aufpralls waren meine Eltern und auch mein Bruder durch die geschlossenen Fenster aus dem Auto geschleudert worden. Nur ich saß noch auf der Rückbank, als wäre nichts geschehen.

Es war erstaunlich, aber während ich von dem Unfall erzählte, war das Erlebte auf einmal ganz deutlich, ganz nah, und ich war für Augenblicke nicht mehr die Erwachsene in dem bunten Sessel, ich war das Kind von damals und mitten in der Situation. Da war dieses Krachen und Bersten in meinen Ohren, dieser betäubende Lärm, und dann diese Stille, diese furchtbare Stille, in die hinein ein Hund von ferne bellte und eine Kirchenglocke läutete. Da war der Wind, der raschelnd durch die Bäume fuhr, und der weiche Sand unter meinen Schuhen, als ich aus dem völlig zerstörten Auto ausstieg, um den Kofferraum herum lief, zu meinen Eltern und zu meinem Bruder, die alle drei am Boden lagen, bluteten und sich nicht rührten. Und da waren mein Schreien und mein Weinen, jene schreckliche Verzweiflung, und die Menschen, die mitten durchs Feld liefen und aufgeregt winkten. Ich hörte sie rufen, und die Sirenen des Krankenwagens hörte ich auch ...

In den Gesprächen mit Frau K. über dieses lang vergessene Erlebnis aus Kindertagen wurde mir bewusst, dass ich mich seit dem Tod meines Bruders wie das Kind von damals gefühlt hatte, seltsam übriggeblieben, allein- und zurückgelassen, der Situation hilflos ausgeliefert und wie gelähmt vor Angst.

Erstaunlich in jener Therapiezeit war für mich, wie rasch sich meine Gefühle veränderten. Hatte ich eben noch geweint und eine rabenschwarze Verzweiflung gespürt, kochte im nächsten Moment eine gehörige Portion Wut in mir. Mut zur Wut, habe ich mir damals gesagt, und alles an Gedanken und Gefühlen zugelassen, was kommen wollte. So weinte ich plötzlich nicht mehr um meinen toten Bruder, sondern begann ihm vielmehr Vorwürfe zu machen, beschimpfte ihn, mich durch seinen viel zu frühen Tod allein und im Stich gelassen zu haben. Und das, obwohl wir uns geschworen hatten, gemeinsam alt zu werden in dieser Familie, in der Vater und Mutter und Onkel und Tanten viel zu früh das Zeitliche gesegnet hatten.

In dieser »Wut-Zeit«, wie ich sie gern nenne, begann ich eine Art Reisetagebuch zu führen. Ein Tagebuch, das meine abenteuerliche Reise aus dem Hier und Jetzt zurück in meine Vergangenheit dokumentierte. Dabei fiel mir auf, wie spielerisch leicht es auf dem Papier ist, aus dem Wort »Wut« durch eine Drehung des Anfangsbuchstabens das Wort »Mut« zu machen, wie schwer es mir aber fiel, mir die Wut auf geliebte Menschen einzugestehen. Wut und Mut also, so lautete das Motto meines Schreibens.

Alles, was in den Gesprächen mit Frau K. zur Sprache kam – ob Träume oder Gedanken –, alles, was in mir nachwirkte, Spuren hinterließ, schrieb ich auf. Und alles das, was mir aus Kindertagen dazu einfiel, ganz egal, ob es mir tiefsinnig oder unsinnig erschien, schrieb ich gleich mit auf. Ich schrieb die Ereignisse und Gefühle von damals nicht nur auf, ich schrieb mich förmlich in sie hinein, weinte, schimpfte und lachte über den Worten, die regelrecht aus mir heraus drängten. Auf diese Art und Weise entwickelte ich eine ganz neue Aufmerksamkeit für bestimmte Themen in meinem Leben, eine ganz neue Achtsamkeit auch für meine inneren Bilder, die Spiegel meiner Seele waren. Dieses ganz persönliche »Reisetagebuch« aus jener Zeit, eine Art Reservoir, ein festgeschriebener Aufbewahrungsort für Erinnertes und Erfahrenes, hilft mir auch heute noch, ganz neu in Kontakt mit mir selbst zu kommen, wenn ich darin lese oder Aktuelles hinzufüge.

In jener Zeit, in der ich die Erinnerung an unseren schweren Autounfall »geboren« hatte, träumte ich auffallend oft von leeren Zimmern, leeren Wohnungen, hohen Gewölben, in denen meine Schritte gespenstig hallten und in denen ich mich allein und verloren fühlte. Redend und immer wieder auch darüber schreibend wurde mir bewusst, dass diese Bilder von der Leere in mir selbst kündeten, symbolisch für die »Löcher« standen, die der Tod meines Bruders in mein Leben, in meine Seele gerissen hatte. Mir wurde klar, wie wichtig es war, diese Leerstellen, dieses Vakuum in mir wieder zu füllen, und wie wesentlich mir dabei menschliche Kontakte waren, vor allem die Gespräche mit meinen Freunden und Bekannten. Alles das also, was ich mir in jener dunklen Zeit nicht zugestanden, was ich nicht eingefordert hatte, weil ich meine Hilflosigkeit, meine Verzweiflung nicht hatte zeigen wollen.

Dann kam eine Nacht, in der ich einen langen Spaziergang durch die schlafende Stadt machte. Eine Nacht, die ganz wunderbar still und sternenklar war, fast möchte ich sagen, die in ihrer samtigen Schönheit geradezu rätselhaft war. In dieser Nacht passierte etwas ganz besonderes. Im Traum hörte ich meinen Bruder laut und deutlich sein fröhliches »Tschüss, Tschüss!« rufen, als wolle er mich bitten – er, der Abschiede nie gemocht, sie genau genommen gehasst hatte –, unser Lebewohl nicht länger in die Länge zu ziehen.

Als ich Frau K. von diesem Traum und meinem nächtlichen Spaziergang erzählte, bummelte meine Fantasie bereits durch Hamburg, über den Rathausplatz, wo die warme Sommerluft von Stimmen und Musik summte. Mein Gott, wie viele Jahre lag dieses Erlebnis nun wieder zurück! Damals, ich erinnerte mich genau, war ich stehengeblieben, weil ein Straßenmusikant Geige spielte. Die Menschen, die ihn umringten, applaudierten lachend. Und ich, neugierig geworden, wollte sehen, was sie so belustigte. Dann sah ich es: An seiner Geige hing eine Marionette, ein Zigeuner mit wirrem, wild-schwarzem Haar, der ebenfalls Geige spielte. Die beiden zu beobachten war wirklich zu putzig. Das Besondere aber, das also, was mir diesen Moment so unvergesslich eingeschrieben hat, passierte, als der Mann sein Spiel beendete und sich verbeugte. In diesem Augenblick löste sich ein kleiner Junge von der Hand seiner Mutter, ein winzig kleiner Kerl, der mir aufgefallen war, weil er die ganze Zeit andächtig gelauscht und mit offenem Mund und großen stau-nenden Augen jede Bewegung der Marionette be-obachtet hatte. Als der Applaus verstummt war und sie regungslos über dem Boden hing, marschierte er entschlossen auf sie zu, blieb dicht vor ihr stehen, beugte sich, obwohl er gar nicht so viel größer war als sie, zu ihr herab, stemmte seine Hände in die Hüften und sagte aufmunternd und mit glasklarer Stimme in die Stille hinein: »Spiel doch weiter!«

Während ich Frau K. von diesem Jungen erzähl-te, sah ich ihn ganz deutlich vor mir, hörte seine hel-le, freundliche Kinderstimme und musste plötzlich weinen. Auf ihre Frage, was mich in diesem Moment so traurig mache, schob sich das Bild meines Bruders vor das des Jungen, sein lachendes, braungebranntes Gesicht, seine hellen blauen Augen. Ich sah ihn in der Tür stehen, wo er es wie immer eilig hatte, keine Zeit für ausgedehnte Abschiedsszenen, schnell musste es gehen, ein Winken, ein rasches Berühren und wieder sein kurzes, fröhliches »Tschüss! Tschüss!«

Und während ich seiner Stimme lauschte, als wäre er ganz in meiner Nähe, war ich plötzlich nicht mehr die Erwachsene im Sessel, sondern vielmehr das Kind aus Hamburg, ein Kind, das versuchte, etwas Totes zum Leben zu erwecken.

Auf einmal war da so etwas wie ein tiefes Seufzen in mir, ein inneres Aufatmen. Ein Empfinden, als würde sich in einem dunklen Raum ein Fensterladen öffnen und jede Menge Licht hereinströmen. Oder als wäre ich lange Zeit durch dichten Nebel gelaufen und hätte die herrliche Landschaft, von der ich wusste, dass sie mich umgibt, nicht sehen können, hätte gar nichts sehen können, bis der Nebel plötzlich auseinandergerissen wurde und die Welt vor meinen Augen wieder klar und weit und voller Licht war.

So kam der Tag, da ich mich ein letztes Mal auf den Weg zu Frau K. machte, um mich mit einem bunten Strauß Anemonen von ihr zu verabschieden. Sie, die einfühlsame Gesprächsgefährtin, mit deren Hilfe ich die Geister der Vergangenheit noch einmal hatte aufleben lassen, um sie dann endgültig loszulassen.

Mit der neu erwachten Lebensfreude kehrte meine Kreativität zurück, sprich, der Wunsch, meinen bereits begonnenen Roman endlich fertig zu schreiben. Ich verabredete mich auch wieder mit meinen

Freunden, ging ins Kino, ins Theater, kurz gesagt: Mein Interesse am geistigen Austausch und mein Spaß an gemeinsamen Unternehmungen war zu neuem Leben erwacht. Ich hatte zu mir selbst zurückgefunden, war endlich wieder in meiner Mitte angelangt.

Waldweben

Natürlich ist die Heilung der Seele ein Prozess, ein Weg, den wir Schritt für Schritt gehen dürfen. Und doch gibt es Momente, Augenblicke der besonderen Art, die uns mehr verändern als andere.

Weil der Herbst so sonnig und so unglaublich farbenfroh daherkam, lief ich stundenlang, tagelang durch den Wald, um mit mir und meinen Gedanken allein zu sein. Der Wald oberhalb des Laacher Sees überraschte mich an jenem Tag mit einem ganz besonderen Licht. Es war wirklich zauberhaft, für jeden gläubigen Menschen die sichtbar gewordene Freude des Schöpfers an seiner Schöpfung. Ein Augenblick voller Poesie, den ich nach zarten Klängen Richard Wagners als »Waldweben« bezeichnet habe.

Die Herbstsonne war wie flüssiges Gold an diesem Tag und vergoldete die Bäume, die Blätter und auch die Wege, die dick belaubt zu meinen Füßen lagen und jedes Geräusch, auch das Geräusch meiner Schritte, verschluckten. Es herrschte eine solch tiefe, feierliche, fast heilige Stille in diesem Wald, dass ich das Gefühl hatte, sie unter gar keinen Umständen stören zu dürfen. Ab und zu schwebten

Blätter durch die Luft, goldene Blätter, berührten mich, segelten weiter zu Boden, leicht und schwerelos wie gute Gedanken.

Während ich durch diesen glänzenden Wald lief, hatte ich plötzlich das Gefühl, als würde ich eine Art Verbindung mit ihm eingehen, ein Teil seiner unglaublichen Schönheit werden, als würde dieses goldene Licht, das vom Himmel herunter durch die Bäume floss, auch in mich hinein- und durch mich hindurchfließen. Und mit dem Licht strömten Bilder durch mich hindurch, die mir den wunderbaren Reichtum meines Lebens zeigten und nicht mehr allein das, was ich verloren hatte. Bei aller Verzweiflung über den Tod meines Bruders war da auf einmal eine unglaubliche, eine überwältigende Freude in mir.

Dieser Moment dort in jenem Herbstwald war für mich ein regelrecht magischer, vielleicht sogar ein mystischer Moment, ich weiß es nicht. Auf jeden Fall aber, so würde ich behaupten, hat dieses goldene Licht etwas befreit in mir. Es war ein Moment der Bewusstwerdung, anders formuliert: ein Moment der Vertiefung. Was mein Kopf in jenen Tagen längst gewusst hatte, nämlich die Erkenntnis, dass es an der Zeit war, meinen toten Bruder endlich loszulassen und gehen zu lassen, ist mir in diesem Augenblick inmitten der vergoldeten Bäume vom Kopf ins Herz gesunken, genauso lautlos und schwerelos wie die Blätter, die um mich herum zu Boden schwebten.

Für mich war das Erlebnis »Waldweben« in Maria Laach an jenem sonnigen Herbsttag tatsächlich wie der Startschuss für einen Neuanfang. Ich fühlte mich leicht und befreit. Es war, als hätte meine Seele dort im Wald Flügel bekommen und endlich wieder Lust, wie die anmutig schwebenden Blätter durch die Welt zu tanzen. Auf einmal dachte ich über Veränderungen in meinem Leben nach, über neue Abschnitte, neue Taten.

Von dieser neu erwachten seelischen Leichtigkeit erzählte auch mein Körper in seiner ganz eigenen Sprache. Meine Schritte klangen lange nicht mehr so schwer wie zuvor. Ich ging wieder leichtfüßiger durch mein Leben. Und auch meine Haltung war eine andere geworden. Auf Fotos entdeckte ich, dass ich die Schultern nicht mehr so traurig hängen ließ, als würde ich Lasten schleppen oder als wäre ich über Nacht geschrumpft, eingelaufen wie ein Wollpullover, den man aus Versehen zu heiß gewaschen hat.

»Nichts ist schwer, sind wir nur leicht«, heißt es schlicht und schön bei Richard Dehmel. Und genau so fühlte es sich an. Etwas Schweres hatte sich verabschiedet, in Luft aufgelöst. Und auf einmal war da Leichtigkeit. Auf einmal war da Glück. Der Schmerz hatte sich in die Freude verwandelt, meinen Bruder gehabt zu haben.

»Komm heraus!«

Wer in den Himmel schaut,
sieht keine Grenzen.

JAPANISCHE WEISHEIT

Nicht nur die Trauer um einen geliebten Menschen, auch jeder andere seelische Schmerz kann ein Grab sein, in das wir uns vor allem Tod hineinbegeben. Aber – und das ist das Wundervolle im Leben – wir können auch, wenn wir es wollen, diese tiefen, diese tiefsten Krisen überstehen, können gewandelt und gestärkt aus ihnen hervorgehen. Die Bibel, jenes wunderbare Weisheitswerk, erzählt im Markusevangelium gleichnishaft von einem Menschen, der solch einen Tod bei lebendigem Leib überaus lebendig überstanden hat. Ein Gleichnis, das Mut macht.

Der Mann hieß Lazarus. Und wie erstaunlich mutet seine Geschichte an. Sie findet sich im Johannesevangelium im elften Kapitel, Verse 1 bis 45. Eine Art Neugeburt. Eine Art Auferstehungsgeschichte. Denn er, der gestorben und längst begraben ist, erwacht vor den staunenden Augen seiner gläubig ungläubigen Schwestern zu neuem Leben. Sein Name, Lazarus, deutet an, was ihm im Augenblick tiefster Dunkelheit geschehen ist. Aus dem Hebräischen übersetzt bedeutet er: »Gott hat geholfen.« Drei Worte, die himmelweit über sich hinausweisen und neugierig darauf machen, was hier in höchster Not geschehen ist. Betrachten wir die Geschichte etwas eingehender und von Anfang an.

Weil Lazarus, der geliebte Bruder, erkrankt ist, rufen Maria und Martha, seine besorgten Schwestern, nach dem Arzt, dem liebenden Freund. Sie rufen nach Jesus. Der macht sich auch sofort auf den Weg, lässt sich dann aber doch erstaunlich viel Zeit. Auf das hilflos beschwörende Flehen der beiden Frauen: »Herr, der, den du lieb hast, ist krank«, reagiert er mit den rätselhaften Worten: »Diese Krankheit ist nicht zum Tode« (in der Übersetzung der Elberfelder Bibel).

Und dann ist Jesus endlich da. Wie es aussieht, kommt er aber eindeutig zu spät, denn der Kranke ist mittlerweile gestorben und liegt begraben in einer Höhle, immerhin schon seit vier Tagen. Aber Jesus, der große Verführer zum Leben, der Mann mit der zündenden Kraft im Herzen, weiß, dass der Freund nicht eigentlich tot ist, vielmehr nur ein seltsam Erloschener, ein innerlich Abgestorbener ist. Ein Mensch, dem in der Finsternis seiner Seelennacht jedweder Licht- und Lebensfunke abhanden gekommen ist. Und so feuert Jesus ihn an, gesegnet mit göttlicher Kraft, ins Leben zurückzukehren. »Komm heraus, Lazarus!«, ruft er in das Grab, in die Höhle, in die Finsternis hinein. Nicht jedoch, ohne zuvor die Augen zum Himmel zu erheben, mit einem Blick also, der zum Gebet wird.

Und was geschieht? Nicht weniger als das Wunder einer Auferstehung. Wir sehen einen Toten, der zu neuem Leben erwacht. Einen Toten, dessen Körper bereits »riecht«, wie es im Text geschrieben steht, was ja nichts anderes heißt, als dass der Vorgang der Verwesung bereits eingesetzt hat.

Ich weiß noch, wie irritiert ich über diese Bemerkung war, als ich das Gleichnis zum ersten Mal gelesen habe. Aber je länger ich darüber nachdachte, umso besser gefiel sie mir, denn auf symbolischer Ebene bedeutet der Vorgang beginnender Verwesung und Zersetzung doch nichts anderes, als dass wir selbst aus schlimmsten Krisen, die uns körperlich bereits gezeichnet, ja, die uns regelrecht »angefressen« haben, heil wieder herauskommen können. Kein noch so tiefer Schmerz also, kein noch so großer Verlust, keine herzzerreißende Herzensangelegenheit, keine noch so finstere Finsternis, die nicht die Möglichkeit eines Neuanfangs, einer seelischen Neugeburt in sich trägt.

Voraussetzung für diesen Akt innerer Befreiung ist allerdings, dass wir in unseren selbst geschaufelten Gräbern, in der kohlrabenschwarzen Dunkelheit, in die wir uns geworfen fühlen, Ohren haben zu hören, wann Gott, wann das Leben uns ins Leben zurückruft, wann es unmissverständlich heißt: Komm heraus aus deinem Schmerz!

Vor einiger Zeit hat mich bei einer Lesung eine Frau angesprochen, die nicht mehr jung, aber auch noch nicht alt war, eine Frau in der schönsten Lebensmitte würde ich sagen. Sie kommt auf mich zu, dunkelblond, apart, von innen heraus strahlend, und sagt: »Wissen Sie eigentlich, dass Sie mein Leben verändert haben?« Auf meine erstaunte Frage, wie mir das gelungen sei, hat sie mir eine Geschichte erzählt, die mir wieder einmal gezeigt hat, dass nicht wir Schriftsteller, vielmehr das Leben selbst die besten Geschichten schreibt.

Zweieinhalb Jahre war es her, da hatte sie ihren Mann verloren. Seitdem hatte sie sehr zurückgezogen in ihrem Haus gelebt. Und obwohl Freunde und Bekannte und auch ihre Söhne sie immer wieder ermuntert hatten, doch endlich zurück ins Leben zu kommen, hatte sie den Schritt aus ihrer selbst gewählten Einsamkeit nicht geschafft. Vor einigen Monaten dann hatte sie sich bei einem Frauenfrühstück meinen Vortrag über das Loslassen angehört.

Irgendwie war das, was ich über den langen und schweren Abschied von meinem Bruder erzählt hatte, mit ihr mitgegangen und hatte schließlich dazu geführt, dass sie ihre Freundin angerufen und sich nach langer Zeit wieder einmal mit ihr zum Essen verabredet hatte. So stand sie denn zur vereinbarten Zeit vor einem Restaurant mit dem schönen, durchaus verheißungsvoll klingenden Namen »Zum goldenen Engel« und wartete. Gar nicht weit entfernt von ihr entfernt wartet noch jemand, ein Mann, auf seine Verabredung. Und dem Schicksal gefiel es, den beiden Wartenden in ein und demselben Moment das gleiche zu bescheren: Zwei Handys, die schellen, zwei Absagen, die ausgesprochen werden. Und da, so sagte mir die Frau, die Absage ihrer Freundin im Ohr, hätte sie wieder an meinen Vortrag denken müssen und spontan beschlossen, nicht zurück nach Hause zu fahren, sondern eben allein essen zu gehen. Manchmal liegen die Gedanken von Menschen so nah beieinander, dass sie sich berühren. Kaum hatte sie ihren Entschluss gefasst, kam der Mann auf sie zu und fragte, ob er sie zum Essen einladen dürfe, da sie ja beide offensichtlich in derselben Situation seien. Sie zögerte nur einen winzigen Augenblick, sagte dann aber laut und deutlich »Ja«, weil sie das Gefühl hatte, dass sich diese Situation unbedingt nach einem Ja anfühlte. So aßen die beiden zusammen und unterhielten sich so angeregt und vertraut, als würden sie sich lange schon, nein eigentlich immer schon kennen. Es passierte, was die Frau niemals für möglich gehalten hatte: Sie verliebte sich, öffnete ihr Herz für eine neue Beziehung. Denn, so vertraute sie mir freudig an, seit jenem Abend waren die beiden ein Paar.

Das Erstaunliche an meiner Begegnung mit dieser fremden Frau war, dass ich sie einen Tag, nachdem sie mir diese wunderbare Geschichte erzählt hatte, gleich noch einmal getroffen habe. Ein Zufall, der wohl kein Zufall war. Es war in den Rheinauen in aller Herrgottsfrühe. Ein zauberhafter, wohltemperierter Morgen. Keine Menschenseele weit und breit, nur tanzende Mücken im Sonnenlicht und zwei blütenweiße Schwäne, die im spiegelglatten Wasser lautlos dahingleiten. In die Stille hinein surren zwei Fahrradfahrer auf mich zu und sind auch schon fast an mir vorbei, als plötzlich gebremst wird. Ein Paar im sportlichen Outfit, Fahrradhelme auf dem Kopf. Ich erkenne die Frau erst, als sie die Sonnenbrille abnimmt. »Das ist er«, sagt sie und stellt mir ihren Begleiter als den Mann vor, den sie an jenem Abend im »Goldenen Engel« kennengelernt hatte.

Genauso plötzlich, wie die beiden vor mir aufgetaucht waren, waren sie im nächsten Moment auch schon wieder verschwunden und mir blieb nichts anderes übrig, als ihnen nachzuschauen und nachzustaunen. Ich habe mich so darüber gefreut, dass mir das Leben durch diese Begegnung wieder einmal eindrucksvoll gezeigt hat, wie es uns beschenkt, wenn wir Altes loslassen und uns Neuem öffnen. Und dass die Steigerung von »Wunde«, wenn die Liebe, diese göttliche Himmelsmacht, ins Spiel kommt, durchaus »Wunder« sein kann.

Von Lazarus heißt es übrigens, dass ihm Füße und Hände »in Binden gewickelt« waren, als er aus seinem Grab herauskam, und sein Gesicht von einem »Schweißtuch« verhüllt war. Selbst er, der nach

»zersetzender« Zeit zu neuem Leben Erwachte, kann sich also, symbolisch gesprochen, nur ganz langsam von den Fesseln des Schmerzes befreien, kann nur ganz vorsichtig und mit viel Bedacht wieder ins Licht blicken.

Das Gleichnis zeigt es uns auf wunderbare Weise: Loslassen braucht Zeit. Mitunter viel Zeit. Deshalb dürfen wir in Momenten des Schmerzes, beim Abschied von geliebten Menschen, in Prozessen schwieriger und schwierigster Ablösungen und Trennungen Geduld mit uns haben, ein Meer von Geduld, und uns die nötige Zeit auch wirklich gönnen.

Als Kinder haben mein Bruder und ich beim Schwimmen gern »toter Mann« gespielt, was nichts anderes hieß, als eine Zeitlang ganz ruhig, wie leblos auf der Oberfläche des Wassers zu liegen und sich treiben und tragen zu lassen. Manchmal kann es guttun, sich dann, wenn der Schmerz zu groß ist, im bewegten Strom des Lebens eine solch unbewegte, »tote« Zeit zu gönnen. Eine Zeit, in der wir uns treiben lassen und dennoch getragen sind.

»Ich brauche die Dämmerung, ich brauche die Nacht ...«, sagt Marie Luise Kaschnitz, die nur langsam und ausdauernd schreibend über den Tod ihres Mannes hinweg kam. So wie sie dürfen auch wir uns, wenn wir sie brauchen, Auszeiten vom Leben gönnen. Und nicht erst dann, wenn wir seelisch und körperlich schon total erschöpft sind. Wir müssen nicht warten, bis uns das Schicksal aufs Schwerste prüft, bis immer neue Erschöpfungszustände uns zu immer neuen Ärzten führen. Bereits lange vorher – und ich bin sicher, Körper und Seele senden uns die wichtigen, die eindeutigen Signale! – dürfen wir uns zurückziehen, »Lazarus spielen«, uns in einer »Höhle« verkriechen, um gestärkt, wie neu geboren daraus zurückzukehren.

Die »Höhle« ist ein gutes Bild, wie ich finde. »Höhle« hat mit Heilung zu tun, bedeutet Rückzugsort, Geborgenheit, Schutz, Abgeschlossenheit und Sicherheit vor der Welt »da draußen«, bedeutet, dass ich mich in mich selbst zurückziehen, in meine Mitte zurückfinden, aus meinem Alltag ausbrechen und mich neu austarieren darf.

So kann eine »Höhle« in unserem Leben ganz Unterschiedliches sein. Eine Therapie oder psychosomatische Klinik zum Beispiel, wenn Körper und Seele bereits unüberhörbar um Hilfe schreien. »Höhle« kann aber auch Einkehr und Stille in einem Kloster sein, gemeinsames Gebet, gemeinsame gute Gedanken und Gesänge. »Höhle« kann Urlaub bedeuten, Rückzug in die Berge, ans Meer, auf eine Insel, wohin auch immer.

Neulich bekam ich von einer befreundeten Künstlerin eine Postkarte von der Insel Hiddensee zugeschickt. Auf der Vorderseite war Anna Freud zitiert, Tochter des berühmten Psychoanalytikers, die im Jahr 1930 an eine Freundin geschrieben hatte: »Jetzt weiß ich ganz genau, was mir die ganze Zeit gefehlt hat: eine Insel.« Nicht von ungefähr gibt es das geflügelte Wort vom »reif Sein für die Insel«. Eine Insel, die Erfahrung habe ich zumindest gemacht, ist ein ganz ausgezeichnetes Fleckchen Erde, um sich zurückzuziehen und einmal ganz bewusst von allem loszulassen. Denn bereits wenn wir das Schiff zur Überfahrt betreten, lassen wir unseren Alltag auf dem Festland zurück und vertrauen uns dem Wasser an, diesem wunderbaren Symbol der Neugeburt.

»Höhle« kann alles das sein, was uns guttut, was uns aufrichtet, stärkt, uns in Verbindung mit unserer ureigenen Kraft bringt. Jeder weiß selbst am besten, was seiner vom Leben wundgescheuerten Seele hilft.

Wer nicht gleich für längere Zeit aus seinem Alltag aussteigen kann oder will, aber deutlich merkt, dass er kurzzeitig »toter Mann« spielen, sich treiben und tragen lassen will, dem kann es auch helfen, sich wenigstens einen Tag lang ganz bewusst aus dem Getriebe und Gedränge der Welt zurückzuziehen. Die »Höhle« wäre dann ein Ausflug in die nahe Umgebung, vielleicht an einen Fluss, um das Element »Wasser« zu erleben, jenes Urelement, das in allen Kulturen und Religionen seinen Platz als heiligheilender Lebensquell hat und als Symbol der Erneuerung, Wandlung und Fruchtbarkeit gleichermaßen geheimnisvoll vom Leben wie vom Tod kündet. Für Hildegard von Bingen, die der Legende nach einen blinden Jungen mit Rheinwasser geheilt hat, ist es »lebendiges Leben«, das im Menschen und in der gesamten Schöpfung für Bewegung und Beweglichkeit sorgt.

Eine andere Möglichkeit wäre, auf Entdeckungsreise zu gehen und einen Ort aufzusuchen, an dem man sich selbst begegnen und Gott dabei ganz nah sein kann. Christine Lavant, die tieftraurige, vom Leben gebeutelte Dichterin, fragt sich in einem ihrer Gedichte einmal, wie der Himmel wohl schmeckt. Wir können es ausprobieren, wenn wir uns aufmachen, um Gott dort zu treffen, wo er uns am nächsten ist: in der Natur, wo sich Himmel und Erde berühren, an einem Wallfahrtsort, wo lebendige Begegnung möglich ist, oder in der Stille einer Kirche. Manchmal kann es guttun, einfach nur dort zu sitzen, der Welt den Rücken zuzukehren und in die heilende Gegenwart Gottes einzutauchen, seine Liebe zu spüren, seinen unvergleichlichen Frieden, sein Lächeln über unserem Leben. Wir können ihm all die Ungereimtheiten in unserem Leben, alles das, was wir nicht verstehen, was uns bedrückt, hinhalten. Oder es aufschreiben, es uns von der Seele schreiben. Ich selbst schreibe gern in Kirchen. Für mich sind es Orte großer Geborgenheit, an denen ich merke, dass meine Gedanken andere Wege gehen.

Unabhängig davon, für welche »Höhle« und für welchen »Himmel« wir uns in Zeiten seelischer Fins-

ternis entscheiden: Irgendwann, das ist das Grund-
prinzip des Lebens, »ist es Zeit, dass es Zeit ist«, wie
es in einem Gedicht von Paul Celan heißt. Irgendwann ist die Zeit reif für das Neue. Will heißen: Das
Leben fordert uns auf, die Schonzeit zu beenden, die
Reservebank zu verlassen und ins Spiel zurückzukehren, wieder einzusteigen in unseren Alltag, den
Blick nicht länger zurückzuwenden, ihn vielmehr
bedingungslos ins Hier und Heute zurückzuholen.
»Komm heraus!«, heißt es dann.

»*Licht! Liebe! Leben!*«

Macht doch den zweiten Fensterladen auf,
damit mehr Licht hereinkomme!

JOHANN WOLFGANG VON GOETHE
KURZ VOR SEINEM TOD

Es war einmal ein König, der wollte seine einzige Tochter verheiraten und sie allein demjenigen zur Frau geben, der ihm rasch und bis in den letzten Winkel hinein eine Kammer des Schlosses mit Kostbarkeiten füllen würde. Kaum hatte er das verlauten lassen, strömten Bewerber aus dem ganzen Land herbei und stapelten Gold und Silber und Schmuck und jede Menge kostbare Stoffe in die Kammer hinein. Aber ach!, so sehr sie sich auch beeilten und bemühten, immer blieben Lücken inmitten all der Pracht.

Und dann kam einer, wie es im Märchen oft der Fall ist, der nicht ganz ernst genommen wird von seinen Mitmenschen, den alle ein wenig mitleidig belächeln. Und dieser eine kommt ganz ohne Schätze daher, reist sozusagen – wie Hans im Glück – nur mit leichtem Gepäck an. Kaum ist er da, macht er sich in aller Ruhe an die Arbeit. Und er stapelt und stopft nicht, füllt und pfropft nicht. Nein! Er stellt einfach nur eine Kerze in die Kammer hinein. Und kaum hat er sie angezündet, verbreitet die kleine Flamme ihren Glanz, strahlt nach allen Seiten, bis in alle Ecken hinein. Der König, der steht und stutzt, staunt eine lange, eine königliche Weile, dann aber geht ihm ein Licht auf. Und noch ehe die Kerze verloschen ist, reicht er dem strahlenden Lichtbringer die Hand seiner genauso strahlenden Tochter.

Licht, so erzählt uns die Geschichte, ist eine ganz besondere Gabe, wertvoller als Gold und Silber und alle Schätze dieser Welt. Licht ist Leben und Leben ist Licht. Kein Wunder also, dass es an prominenter Stelle, dort, wo in der Heiligen Schrift von allem Anfang die Rede ist, in lichter Fülle ausgegossen wird. Geschrieben steht: »Da sprach Gott: ›Es werde Licht!‹ Und es ward Licht. Gott sah, dass das Licht gut war« (Genesis 1,3–4).

Wir alle, die wir auf dieser Erde wandeln, sind genau genommen ins Licht Gehobene, ins Licht Geborene. Manchmal fühlen wir uns auch wie solch ausgezeichnete Kinder des Lichts, weil alles so strahlend hell ist in unserem Leben, nirgends Schatten zu finden ist. Durchglüht von Glück durchwandern wir unsere Tage, mühelos, beseelt von dem Gefühl, nur auf der lichten und freundlichen Seite des Lebens zu stehen. So angefüllt mit Licht und Liebe, möchten wir in jedem Augenblick die ganze Welt umarmen.

Aber Leben heißt, neben allem Licht auch die Finsternis anzunehmen. Nicht von ungefähr steht

dort, wo vom »guten« Licht die Rede war, im Nach-
satz: »Und Gott schied zwischen dem Licht und
der Finsternis.« Beides gehört zusammen, beides
gehört zum menschlichen Dasein dazu, alles hat
seine Zeit. Daher kann auch eine Dunkelheit in
unserem Leben ihre Zeit, ihr Recht haben. Sie darf
nur nicht zum Dauerzustand, zur apokalyptischen
Finsternis werden. Deshalb ist es wichtig, auch in
dunklen Phasen unseres Lebens wach zu bleiben
für das Licht.

Manchmal kann es helfen, sich das Licht symbolisch wieder in Erinnerung zu bringen, durch das
bewusste Anzünden einer Kerze zum Beispiel, wie
im Märchen geschehen. Ein solches Licht anzünden
heißt, innerlich still zu werden und einen Strahl
in die eigene Finsternis zu senden, heißt, bereit zu
sein, dunkle, unbetretene Räume im eigenen Haus
zu erhellen. Wir können Worte finden im Schein
der Kerze oder ganz andere, ureigene Möglichkeiten
entwickeln, um uns dem Licht zu öffnen.

Ich habe einmal eine Frau kennengelernt, eine
junge Nonne, mit der ich gemeinsam eine Feier in
der Klosterkirche ihres Ordens vorbereiten sollte.
Genauer gesagt sollten wir die Feier nicht nur vorbereiten, sondern, so erfuhr ich, einen gemeinsamen
Auftritt dabei haben. Bei unserer ersten Begegnung
stellte ich erstaunt fest, dass die Frau, die von einer
unglaublichen Bescheidenheit war, mit Worten nur
sehr ungeschickt umgehen konnte. Aber, so sagte sie

mir lächelnd, sie solle auch nicht reden bei dieser Feier, sie solle zu meinen Worten tanzen. Obwohl ich mir überhaupt nicht vorstellen konnte, wie solch eine Zusammenarbeit aussehen würde, machte ich ein freundliches Gesicht. Und dann kam der Tag, an dem wir zum ersten Mal gemeinsam probten. Es war unglaublich, für mich ein ganz besonderer Moment, den ich wohl nie vergessen werde.

Ich stellte mich ans Mikrofon und begann wie besprochen langsam und pointiert das »Magnificat« zu lesen, jenen biblischen Lobgesang von Maria also, der mit den Worten beginnt: »Meine Seele preist die Größe des Herrn ...« Barfuß, in einem knielangen weißen Seidenkleid, stand die Nonne vor dem Altar. Und dann begann sie zu tanzen, ohne Musik, allein zu den Worten, die ich vortrug. Sie tanzte mit einer blütenweißen Leichtigkeit, Schönheit und Beseelt- heit vor dem Altar und vor dem mächtigen, dunklen Kreuz im Raum, dass ich regelrecht sprachlos war, während ich meinen Text vorlas.

Es war eine solche Schönheit in ihrem Tun, eine solche Leidenschaft und Tiefe, dass ich vor Ergrif- fenheit fast geweint hätte. Dieser Tanz, das war ihre Sprache, ihre ureigene wundervolle Sprache, um das auszudrücken, was ihr am Herzen lag.

Leuchtend rot wie das ewige Licht ist mir da- mals aufgegangen, dass wir eben nicht nur Worte haben, um uns mitzuteilen, und dass wir nach Mög- lichkeiten suchen dürfen, um unserer Sehnsucht nach Licht, nach Liebe, nach Leben Ausdruck zu verleihen.

»Licht! Liebe! Leben!«, so lautete die Lebensmaxime des Kulturphilosophen und Dichters Gottfried Herder, die er sich sogar auf seinem Grabstein wünschte. Kein schlechtes Lebensmotto, wie ich finde, mit dem er am Ende seines Lebens sicherlich auch den letzten Schritt hoffnungsvoll tun konnte. Dass derjenige, der aus tiefstem Herzen Licht sucht, auch Licht findet in dieser Schöpfung, steht für mich außer Frage. Es will nur gesehen, entdeckt werden.

Aber Licht ist nicht gleich Licht. Vor Jahren einmal ging eine Freundin von mir mit einem jüngeren Arbeitskollegen zum Essen. Ich erinnere mich noch gut daran, wie sie mir am nächsten Tag empört erzählte, dass ihr Begleiter mitten im Gespräch gesagt habe, man solle sie nur bei Kerzenschein betrachten. Und obwohl er diese Bemerkung gewiss als Kompliment gemeint hatte, war sie untröstlich deswegen. Für sie hatte es geklungen, als sei sie für das helle Licht nun doch nicht mehr so ganz geeignet.

Ich selbst bin in den Siebzigerjahren in der Düsseldorfer Altstadt gern ins »Creamcheese« gegangen: Ein Kultlokal, das berühmt war für seine Kunst und die damals recht spektakulären Lichteffekte. Um ein Uhr nachts wurde als unüberhörbares Signal für die Sperrstunde »Son of Suzie Creamcheese« gespielt. Aber kaum jemand reagierte. Der eigentliche Saalräumer war das Neonlicht, das im Anschluss an den Song von Frank Zappa angemacht wurde. Denn so wie mir ging es den meisten im Lokal: Kaum einer wollte nach durchfeierter Nacht in dieses erbarmungslose Licht getaucht werden.

Es gibt ein Licht, das macht die Dinge schön. Und es gibt so etwas wie ein ehrliches Licht, das die Dinge zeigt, so wie sie nun einmal sind. Manchmal müssen wir in unserem Leben so ein ehrliches Licht anmachen. Besonders dann, wenn wir nicht wissen, woher die Dunkelheit, in der wir stecken, eigentlich kommt. Gerade in solch düsteren Zeiten, in denen wir feststecken wie in einer zu engen Röhre, ist es wichtig, genau hinzuschauen. Natürlich kann dieser Blick im ersten Moment erschrecken, aber heilsam ist er fast immer, weil wir sehen können, wo wir aufgefordert sind, etwas loszulassen, etwas zu verändern in unserm Leben: ungesunde Zustände, krankmachende Situationen. Dann ist es Zeit, klärende Gespräche zu führen, Begegnungen anzuzetteln, die lange schon überfällig sind, angestaute Gefühle zuzulassen, endlich einmal zu weinen oder von Herzen zu klagen. Wenn man so will, ist es dann Zeit, ein Licht anzünden in der Finsternis, Feuer zu entfachen in der Dunkelheit, mutig den Mut zu entwickeln, das eigene Leben von Zeit zu Zeit kritisch zu beleuchten.

Mein Vater pflegte gern das Goethe-Wort zu zitieren: Mensch sein heißt, »ein Kämpfer sein«.

Manchmal müssen wir auf unserem Lebensweg um Licht kämpfen, um neues Licht oder um mehr Licht als zuvor, damit andere, bisher nicht gekannte Blickwinkel möglich werden, damit wir Dinge im neuen Licht sehen oder uns selbst ins rechte Licht rücken können. Diese Art der Beschäftigung mit dem eigenen Leben ist eine Arbeit, die im Großen wie im Kleinen lohnt. Selbst wenn wir nur Kleinigkeiten verändern, können wir damit große Wirkung erzielen, können wir unserem Weg eine neue Richtung geben. Seitenwechsel sozusagen. Von der Schattenseite auf die Sonnenseite.

Vor Jahren einmal fuhr ich fröhlich und flott auf der Autobahn. Kurz vor meinem Ziel aber hieß es plötzlich Fuß vom Gas, bremsen, stärker bremsen, stehen bleiben. Vor mir eine nicht enden wollende Autoschlange. Nichts geht mehr. Brückenarbeiten, höre ich. Die Autobahn war für zwanzig Minuten gesperrt. Und dazu Sommer, mehr als dreißig Grad, heiße, flimmernde Luft über der Blechkarawane, die steht und stöhnt. Und ich, mittendrin, stehe und stöhne mit. Mein Gesicht war genauso unfroh wie alle die anderen Gesichter auch. Dunkle Wolken über jeder Stirn. Schlechte Laune, die aus Mundwinkeln tropft. Aber dann plötzlich das! Ein Triumph der Lebendigkeit. Ein Lachen. Und was für ein Lachen! Im Nachbarauto ist es aufgetaucht, es klebt förmlich an der Fensterscheibe. Ein aufgerissener rosiger Mund in einem kugelrunden Kindergesicht. Ein Lichtblick! Einer von diesen göttlichen Augenblicken, in denen eigentlich nichts und doch so viel passiert, durch die von jetzt auf gleich alles anders ist, obwohl genau genommen alles beim Alten ist. Und doch hat das Leben vor unseren Augen die Farbe gewechselt, ist bunter und leuchtender geworden.

Ich schaue den lachenden Mund an, diese ungebremste Freude inmitten all des Stillstandes, und es ist, als würde diese Freude mir Flügel verleihen. Ich fühle mich leicht und beschwingt und stimme ein in dieses Lachen. In dieser »Lachgemeinschaft« hat der Stau plötzlich keinen Stachel mehr. Für einen Moment fühle ich mich grundlos glücklich, voller Lebensfreude und Daseinsdank, sehe die Welt mit anderen Augen, vielleicht mit kindlicheren Augen, auf jeden Fall sehe ich sie in einem anderen, einem neuen Licht. Und dieses neue Licht setzt neue Akzente, lenkt meine Aufmerksamkeit nicht mehr allein auf den Stillstand um mich herum, vielmehr auf das, was noch so alles da ist, mein Blick kommt sozusagen richtig in Fahrt. Ich sehe plötzlich Dinge, die mir Freude bereiten: die weißen Sommerwolken, die so wunderbar weich und wattig wie Segelschiffchen am Himmel schweben, die sonnengelben Rapsfelder, die wie leuchtende Teppiche in der Landschaft liegen, einen Streifen blaues Gewässer am Horizont, eine Burg auf einem Hügel, die Farben der Autos ...

Carpe diem! Nutze den Tag, heißt es. Ich glaube, dass es gerade in Augenblicken, in denen wir das Gefühl haben, dass so gar nichts läuft und so gar nichts klappt in unserem Leben, darauf ankommt, das Staunen in uns wachzuhalten, Kleinigkeiten zu sehen, Lichtwunder zu entdecken. Unser Leben kann nicht immer voll Freude und Glück, aber immer voller Liebe sein. Und das Licht, von dem ich spreche, ist nichts anderes als Liebe. Ich glaube tatsächlich, dass wir am glücklichsten sind, wenn wir solche Kleinigkeiten eben gerade nicht als klein erachten. Manchmal hängt von solch kleinen Augenblicken Großes ab. Es liegt an uns, ob wir sie erkennen und nutzen oder ob wir sie unbeachtet vorüberziehen lassen. Wenn wir empfänglich für sie sind und die Freude darin und daran weitergeben, werden wir feststellen, dass die Welt um uns herum viel lichtvoller ist, als sie auf den ersten Blick oft wirkt.

Ich habe es mir zur Pflicht gemacht, das Licht in meinem Alltag nicht nur im Besonderen zu suchen, sondern auch und vor allem in all den Augenblicken, die oft von ergreifender Einfachheit sind und deshalb gern unbeachtet bleiben. Ein aufmunterndes Wort im Vorübergehen zum Beispiel, ein blühender Vorgarten, tanzende Schneeflocken, der Duft einer Sommerwiese, der Anblick des Sternenhimmels, ein kugelrundes Lachen im Stau … Gleichzeitig achte ich aber darauf, mir diese kleinen, lichten Momente auch selbst zu bereiten. Wie das funktioniert?

Für mich heißt das, mitten im umtriebigen Getriebe einmal ganz bewusst innezuhalten und ein wenig Musik zu hören oder etwas ganz besonders Gutes zu essen, mich für eine kurze Zeit ans Fenster zu stellen und die Wolken zu beobachten oder einen Brief noch einmal zu lesen, den ich vor langer Zeit schon bekommen habe, oder selbst einen zu schreiben. Da ich eine große Affinität zu schöner Sprache habe, lese ich auch Gedichte in solch ausgesuchten Momenten. Gedichte sind »Gebrauchsartikel«, wie Berthold Brecht sagt, die sich jedoch nicht verbrauchen, nicht abnutzen im Lauf der Zeit, vielmehr immer wertvoller werden, weil sie sich mit jedem Lesen vertiefen und weiten.

Sie sind also eine Art »magischer Gebrauchsgegenstand«, ein »Sesam öffne dich!«, wie Hilde Domin sagt, eine Schatzkammer, die immer Neues bereithält, denn Gedichte sind wunderbar lebendig. Immer neu, immer anders. Je nach unserer Gefühlslage, unserer Stimmung, scheinen sie die Farbe zu wechseln, bunter, intensiver zu werden, tiefer und eindringlicher, nachdrücklicher.

Warum also nicht einmal ein Buch aus dem Regal ziehen und ein Gedicht lesen, still werden und sich auf die Worte einlassen und dabei gar nicht so viel Wert aufs Interpretieren, aufs unbedingte Verstehen und Deuten legen. Viel wichtiger ist das Fühlen. Brecht hat einmal von der »Minute für das Unvorhergesehene« gesprochen: hinhören und in sich hineinhören, Gedanken kommen und gehen lassen. »Nirgends ... wird Welt sein als innen«, heißt es bei Rilke. Also den Geist treiben lassen, mit dem Klang der Worte nach innen gehen, Lichtvolles geschehen lassen. Oder sich hinsetzen und selbst ein Gedicht schreiben. »Was braucht man, um ein Gedicht zu schreiben?«, fragt Hilde Domin. Und gibt zur Antwort: »Einen Stift.«

Ganz egal, für welchen »lichten Moment« wir uns entscheiden, wichtig ist allein, dass wir uns im Alltag bewusst Zeit für etwas nehmen, was uns für Augenblicke eben diesem Alltag entreißt. Lichtwunder, so klein sie auch sein mögen, sind immer da, sind immer möglich, immer und überall, in den kleinen Wundern am Wegesrand. Wir müssen sie nur sehen, nur sehen wollen. Wer solche Lichtblicke auf seinem Weg kultiviert, wird auch sich selbst immer wieder in neuem Licht wahrnehmen. Ein glückliches Leben setzt sich aus der Fülle solch lichter Augenblicke zusammen. »Es ist der Mensch am reichsten, dessen Vergnügungen am wenigsten kosten«, sagte Henry David Thoreau, der große Prediger des einfachen Lebens. Die lichten Momente, von denen wir hier sprechen, kosten so gut wie gar nichts, machen uns aber dennoch reich.

Ich möchte noch einmal daran erinnern: Wir alle sind ins Licht Gehobene. Ein Licht, aus dessen Aura wir nicht herausfallen können, selbst wenn wir manchmal schmerzlich dieses Gefühl haben. Es ist ein Licht, das niemals untergeht, das vielmehr unaufhörlich fortleuchtet. Und wir sind Licht von diesem Licht.

Lichtblick

Es blühten Eisblumen in jener Nacht, in der ich keinen Schlaf fand, obwohl ich doch müde war und mich nach Rückzug sehnte. Aus dem Schnee, der dick wie ein Buckel auf der Welt lag, wuchsen nur noch vereinzelt Lichter. Warum war ich hierhergekommen, in dieses tief verschneite Bergdorf? Was suchte ich hier? Die Nacht vor meinem Fenster schien es zu ahnen, vielleicht sogar zu wissen. Noch aber schwieg sie, verbarg es.

Also ging ich hinaus, tauchte ein, folgte den Sternen und dem Sichelmond, tauchte noch tiefer ein, die Dorfstraße entlang und immer weiter ins Dunkle, Schritt für Schritt. Lauschend und schauend. Gesichter tauchten auf, Worte suchten mich, kamen mir entgegen wie Freunde mit offenen Armen, brachten Erinnerungen mit und Gedanken, wie alles werden wird. Unter der schimmernden Schneehaut der Landschaft schien mein Gestern und mein Morgen zu liegen und nur auf mich gewartet zu haben.

Tiefer noch zog es mich in die Dunkelheit. Wie ein müder Wanderer war das Dorf hinter mir zurückgeblieben, seine Lichter längst verloschen. Es hatte mich alleingelassen auf der Suche nach dem, was mich suchte in dieser Nacht.

Dafür ging jetzt eine Mauer neben mir her, mächtig Schnee im Genick, versteckte sich nicht, verbarg nur etwas. Ich wusste, was es war, und es störte mich nicht.

Nicht lange, und die Steine blieben stehen, machten Platz für das schmiedeeiserne Tor, das mich mit seinen kalten Händen festhielt und aufforderte. Einen Blick sollte ich wagen durch seine geschwungenen Gitterstäbe hindurch, die voller Rosen waren, Eiskristalle in den Blüten. Die Gräber auf dem schlafenden Bergfriedhof verkrochen sich förmlich in dieser kalten Nacht, aber sie fielen dennoch ins Auge, denn aus ihren Schneekissen wuchsen Lichter. Kleine rote Lichter, die dem ewigen Glanz der Sterne entgegenflackerten. Diese Lichter veränderten alles. Zum ersten Mal in dieser Nacht spürte ich, was Leben ist. Nicht das Gestern, nicht das Morgen, nur der Augenblick, nur das Jetzt, das brennt in mir wie eine Flamme.

Ich ging zurück. Ich war angekommen, bei mir und bei dem, der auch mein Licht in Händen hält.

Ich schaue auf zum Himmel

Ich liebe die Sterne,
und der Mond ist mein heimlicher Freund.
Über mir ist der Himmel.
Solange ich lebe,
werde ich nie verlernen,
zu ihm hinaufzuschauen.

ROBERT WALSER

Neben dem leichtfüßigen Hans im Glück, der so gar nicht am Gold, so gar nicht am Besitz klebt, hat mich als Kind noch ein anderer Hans fasziniert: Hans Guck-in-die-Luft, jener Luftikus, dessen Blick selbst beim Gehen zum Himmel wanderte. Immer wieder habe ich mich gefragt, warum dieser Hans wohl so lustvoll und ausdauernd nach oben schaut, was ihn in luftiger Höhe derart fasziniert, dass er die Augen nicht abwenden mag, ihm dieses »da oben« so viel wichtiger ist, als alles »da unten«.

Eines Abends habe ich die Antwort gefunden. Obwohl es lange her ist, erinnere ich mich genau an diesen Augenblick. Ich war noch ein Kind, vielleicht sieben Jahre alt, und hatte mit den Kindern aus dem Nachbarhaus im Hof gespielt. Ich hatte das Spiel nur unterbrochen und nach oben geschaut, weil meine Mutter etwas aus dem Fenster gerufen hatte. Bei dieser Gelegenheit habe ich es gesehen, mehr oder weniger zufällig, dieses wunderbare Licht: die letzten Sonnenstrahlen des Tages, die sich in den Spitzen zweier Silberpappeln im Nachbarhof verfangen hatten. Ich weiß noch wie heute, wie beeindruckt ich von diesem Licht war, das wie Goldfäden in den riesigen hohen Bäumen hing, und wie mich beim Anblick dieses Glanzes eine seltsame, bis dahin nicht gekannte Sehnsucht überfiel, dort hinauf zu kommen, wo diese Schönheit lebte, wo dieses Licht wohnte, das all mein Denken und Fühlen magisch in die Höhe zu ziehen schien. Ich habe es damals meiner besten Freundin gezeigt und wir haben uns geschworen, dass dieses Licht für immer unser Geheimnis sein sollte. Ein Geheimnis, darüber gab es für uns keinerlei Zweifel, das wir mit Hans Guck-in-die-Luft teilten.

Seit jenem Abend, jener beglückenden Begegnung mit diesem tief empfundenen Licht, liebe ich es, den Himmel zu betrachten, dieses riesig große Bilderbuch mit seinen immer neu aufgeschlagenen Seiten. Wenn ich beim Spazierengehen stehen bleibe, den Kopf in den Nacken gelegt, und mich für Augenblicke in dieser unendlichen Schönheit und Weite verliere, frage ich mich oft, warum wir hier auf Erden eigentlich an so vielen Dingen krampfhaft festhalten, als würde unser Leben davon abhängen.

Eine Freundin hat mir einmal erzählt, dass sie bei einem Sicherheitstraining für Frauen gelernt habe, in einer Gefahrensituation als erstes die Handtasche loszulassen. Ich weiß noch, wie ich mich gewundert habe, dass man so etwas Selbstverständliches formulieren muss. Aber Loslassen, selbst das konkrete Loslassen einer Handtasche in der Gefahr, so berichtete sie mir, ist scheinbar keine Selbstverständlichkeit.

Warum nur halten wir so unerbittlich fest? An Handtaschen, all dem alten Kram, den wir lange schon nicht mehr brauchen, all der Kleidung, die wir längst schon nicht mehr tragen, an all dem Gerümpel in unseren Kellern und Köpfen, an überholten Prinzipien, festgezurrten Meinungen, Vorurteilen, Verhaltensweisen, die immer schon zu Streitereien führten, an ewig denselben Urlaubsorten, obwohl wir doch eigentlich längst einmal woanders hinfahren wollten. Warum ist das so? Selbst die Menschen, die wir lieben, halten wir fest, krallen uns förmlich an ihnen fest, verzweifelt und verbissen wie der kleine Paul am Fahrrad.

Vielleicht, weil die größte Angst, die uns quält, die Angst vor Verlust ist. Und weil wir uns sicherer wähnen, glücklicher und reicher zudem, wenn wir festhalten, gut festhalten, was uns am Herzen liegt.

Genau das aber ist gefährlich. Denn auch das Luftigste, die Liebe und der Himmel selbst, können uns bei gar zu fester Umklammerung in den Armen absterben. Ein federleichtes Gedicht von Rainer Maria Rilke erzählt davon:

Ich ließ meinen Engel lange nicht los

Ich ließ meinen Engel lange nicht los,
und er verarmte mir in den Armen
und wurde klein, und ich wurde groß:
und auf einmal war ich das Erbarmen,
und er eine zitternde Bitte bloß.

Da hab ich ihm seinen Himmel gegeben,
und er ließ mir das Nahe, daraus er entschwand;
er lernte das Schweben, ich lernte das Leben,
und wir haben langsam einander erkannt.

Leben lernen, wie der Dichter es hier eindrucksvoll beschreibt, heißt loslassen lernen. Selbst das, was wir so gern und in jedem Augenblick fest ans Herz drücken möchten. Dieses Loslassen hat etwas mit Loslösen zu tun, mit Abnabelung, selbstständig, eigenständig Werden. Keine leichte Aufgabe, denn wer festhält, hat Halt.

Wer dagegen loslässt und sich nicht gleich wie ein Ertrinkender an anderer Stelle wieder festklammert, muss diesen Halt in sich selbst finden, muss die eigene Kraft entdecken, der eigenen Stärke vertrauen. Das kann Angst machen. Woher können wir also die Kraft zum Loslassen nehmen?

Als Kind konnte ich mich nicht sattsehen an Dürers berühmten Apostelhänden, die bei meinen Großeltern, achtlos vom Kalender abgerissen, mit einer Reißzwecke über dem Küchentisch festgesteckt waren. Was mich fasziniert hat an diesen betenden Händen war die Kraft, die von ihnen ausging, obwohl sie so doch sanftmütig und geduldig beieinander lagen. Die Hände meiner Großmutter sahen ähnlich aus: faltige, von Arbeit und Gicht gezeichnete, nimmermüde Hände, die vor meinen staunenden Kinderaugen Gänse gerupft und Kaninchen geschlachtet, Klumpen von klebrigem Kuchenteig geknetet und Berge von grünen Bohnen geschnippelt hatten. Hände, die erst am Abend eines jeden arbeitsreichen Tages gefaltet auf dem Tisch lagen. Sie haben mich gelehrt, dass Beten, dieses stille andächtige Tun, dieses Festhalten an Gott, nichts anderes als ein Loslassen ist, ein Abgeben all dessen, was Geist und Gemüt bedrückt und bedrängt, ein bewusstes Hineinlegen in andere, viel größere Hände. Wie es der Dichter Eduard Mörike schlicht und zeitlos schön in seinem »Gedicht zum neuen Jahr« in Worte gefasst hat: »Herr, dir in die Hände sei Anfang und Ende, sei alles gelegt!«

Beten also. Eine Verbindung mit dem Himmel eingehen. Eine Art »Zauberschlüssel« in Händen halten, wie es der vom Tod gezeichnete Peter Wust in seinem Abschiedswort an seine Studenten formuliert hat: »Und wenn Sie mich nun noch fragen sollten, ... ob ich nicht einen Zauberschlüssel kenne, der einem das letzte Tor zur Weisheit des Lebens erschließen könne, dann würde ich Ihnen antworten: ›Jawohl‹. – Und zwar ist dieser Zauberschlüssel nicht die Reflexion, wie Sie es von einem Philosophen vielleicht erwarten möchten, sondern das Gebet.« Beten also. Kraft aus der Höhe empfangen.

Es gibt ein Gemälde von Caspar David Friedrich, auf dem eine Frau vor einem weitgespannten, glühend roten Himmel steht. Das Bild hat zwei Titel. »Frau vor untergehender Sonne« heißt es, aber auch »Frau in der Morgensonne«. Die zwei unterschiedlichen Bezeichnungen machen deutlich, dass es dem berühmten Maler der Romantik weniger um die Tageszeit, sprich um »Anfang« oder »Ende« jenes besonderen Tages, als vielmehr um das Lichterlebnis selbst geht. Hoch aufgerichtet steht sie da, die Frau im langen dunklen Kleid, mit ausgebreiteten Armen, als wolle sie das Licht mit dem ganzen Körper auffangen. Und so, wie sie inmitten der Landschaft steht, mit ihrem kunstvoll festgesteckten Haar, das sich wie ein Kranz kleiner Stacheln um ihren Kopf windet, gleicht sie einer Pflanze, die im Licht wurzelt.

Für mich war und ist dieses Bild immer schon die Darstellung einer Andacht, eines Gebetes, einer Verwurzelung in Gott. Indem die Frau sich auf das

Licht hin ausrichtet, richtet sie sich auf Gott hin aus. Indem sie sich in das Licht versenkt, versenkt sie sich in Gott. Dabei versinnbildlichen ihre geöffneten Hände, dass sie bereit ist, in diesem Augenblick alles andere loszulassen. Sie ist offen für die Geschenke aus der Höhe, offen für die göttliche Kraft in ihrem Leben.

Solche Offenheit und Lebendigkeit ist keine Selbstverständlichkeit. Leid und Schmerz - das hatte der Tod meines Bruders mir nur gar zu deutlich gezeigt - können unser Herz von einem Tag zum anderen verschließen, unsere Gebete verstummen lassen. In diesen »verschlossenen« Zeiten kann es wohltuend sein, es der Frau auf dem Gemälde gleichzutun und sich im doppelten Sinne des Wortes aufzumachen, hinauszugehen in die Natur und sich dort, unter dem weiten, freien Himmel, ganz bewusst dem Licht zu öffnen.

»Wer sich nach Licht sehnt«, sagt Bettina von Brentano, jene berühmte Frau der Romantik, »ist nicht lichtlos, denn die Sehnsucht ist schon Licht.« Lassen wir unsere Fantasie ein wenig spielen. Nehmen wir an, wir wollen einen Sonnenaufgang erleben, dieses wunderbare Schauspiel, das seit alters her Symbol für den auferstandenen Christus ist. Dazu erkundigen wir uns zuallererst einmal, um wie viel Uhr die Sonne im Moment überhaupt aufgeht. Wir stellen unseren Wecker danach und machen uns schließlich in aller Frühe auf den Weg. Der

Ort, den wir uns ausgesucht haben, liegt auf einer Anhöhe und blickt ungestört nach Osten. Und da stehen wir nun in der Dunkelheit und lauschen dem Jubel der Vögel, die bereits erstaunlich munter sind. Während wir so dastehen, eingehüllt in ihren Lobgesang, reißt der Himmel plötzlich auf, als hätte jemand einen schweren, dunklen Vorhang zur Seite gezogen. Licht springt hervor. Ein feuriger Strahl. Eine Art Tänzerin, die leuchtend rot die Bühne betritt, alle Dunkelheit davonwirbelt und glühendrot lächelnd den Platz für eine andere bereitet, »Schwester Sonne«, wie sie bei Franziskus heißt, die jetzt langsam heraufsteigt, alles um sich herum erröten lässt. Glühend schwebt sie am Horizont. Eine wahrhaft Erleuchtete, die ihr Licht wie ein Fangnetz über uns auswirft. Glitzernde Fäden, die alles mit allem verbinden und uns wie ein Versprechen scheinen, das Versprechen nämlich, dass ein jedes, und so auch wir, in diesem Licht gut aufgehoben ist. Wir breiten die Arme aus, strecken uns dem Himmel entgegen, und ohne eigentlich zu wissen, wie es passiert ist, sind wir plötzlich ein Teil von diesem Licht und damit auch ein Teil in einem großen Ganzen, einem Reigen, der so alt und göttlich ist wie die Welt selbst. Wir haben das Gefühl, uns in diesem Licht, dieser unendlichen Energie aufzulösen und nun ist es ein Leichtes, all das Schwere in unserem Leben loszulassen und in diesem Moment Herz und Hände vertrauensvoll zu öffnen. Nur der Himmel weiß, woher sie kommen, diese Worte, die so unverhofft in uns singen und klingen, aber sie sind da wie der neue Morgen, der so leuchtend ist und voller Möglichkeiten steckt. Und die Worte, die mit dem Licht durch uns hindurchfließen und hindurchklingen, die unser Herz wie von selbst zu öffnen scheinen, werden zum Gebet. Sogleich spüren wir eine neue Kraft durch uns hindurchfließen und zugleich eine große Freude, eine hellwache, kindliche Freude, die das Leben feiert, die mit den Vögeln um die Wette jubiliert, mit dem Klatschmohn um die Wette leuchtet und sich wie die Ackerwinde gen Himmel strecken möchte. Es ist, als würde Gott uns in diesem Licht, an diesem wundervollen Morgen höchst selbst die Hand entgegenstrecken und uns segnen.

Dann ist es Zeit zu gehen, nach Hause zurückzukehren und in unseren Alltag einzutauchen. Wir verabschieden uns von dem lichtvollen Ort, an dem wir uns so wunderbar weit und wohlig gefühlt haben, und machen uns auf den Heimweg. Bereits nach wenigen Schritten spüren wir, dass wir verwandelt sind, irgendwie achtsamer als auf dem Hinweg, die Geräusche und Gerüche, die uns umgeben, bewusster wahrnehmen. Wir spüren eine neue Lebendigkeit in uns, eine Freude, die vorher nicht da war. Und von irgendwoher flüstern sich Worte zu uns herüber, die wir vielleicht einmal in einem Gottesdienst gehört haben: »Wenn der Himmel uns heimsucht, sind wir andere als zuvor.«

Von Begegnung und Berührung

Sprich nur ein Wort,
so wird meine Seele gesund.

NACH MATTHÄUS 8,8

Immer wieder gibt es Zeiten in unserem Leben, in denen wir aufgefordert sind, unser bedrücktes, trauriges, verwundetes Herz in und an die Hand zu nehmen und es dorthin zu führen, wo wir Gutes erwarten dürfen, sozusagen Streicheleinheiten bekommen. Ein gutes Wort zum Beispiel. Nicht immer braucht es dafür gleich einen Psychologen, wie in meinem Fall.

Heilende Gespräche, wohltuende Nähe, Begegnung, all das kann auch im Freundes- und Bekanntenkreis stattfinden. Ein Gespräch mit einem aufmerksamen Gegenüber, einem Hörenden, der uns dort abholt, wo das Leben uns gerade schmerzhaft hingeworfen hat, kann uns helfen, Geschehenes besser zu verkraften. Gute Worte können Kraft freisetzen, können in Bezug auf seelische Wunden Wunder wirken. Weil sie guttun, nachklingen, mitten ins Herz treffen, anspornen, aufrichten, stützen, trösten, zum Handeln bewegen, uns den Weg, die Richtung weisen, weil sie uns in Kontakt mit uns selbst bringen und wir uns in ihnen neu entdecken können.

Was aber ist ein gutes Wort? Ein gutes Wort ist ein aufrichtiges, ernst gemeintes, das stimmig ist und in das auch derjenige einstimmen kann, der mitten in der Krise, mitten in der Dunkelheit ist. Manchmal brauchen wir es selbst, das gute, heilende Wort. Manchmal ist es aber auch an uns, diese Medizin zu liefern, dann sind wir gefragt, das gute Wort zu sprechen, und aufgefordert, eine Begegnung, eine Berührung von Herz zu Herz anzuzetteln.

Wir können nur in dem Maß gut und aufrichtig sprechen, indem wir selbst gute und aufrichtige Gedanken haben. Wir müssen glauben, was wir sagen, authentisch sein, Geist und Stimme in Einklang bringen, wie es der heilige Benedikt fordert, damit unser Mund nicht etwas anders spricht als unsere Augen oder unsere Mimik. Bevor wir sprechen, sollten wir zuerst einmal hören, genau zuhören und dabei nicht uns selbst, vielmehr den anderen im Blick haben, von uns selbst absehen, um ihn zu sehen.

Dass wir uns das heilende Wort nicht selbst zusprechen können, habe ich am Ende meines Studiums einmal eindrucksvoll erfahren. Es war in jener Zeit, als ich meine Doktorarbeit bereits abgegeben hatte und mich auf die mündlichen Prüfungen vorbereitete. Je näher die drei Termine rückten, desto nervöser wurde ich. Eines Morgens wachte ich auf und war regelrecht beherrscht von der Angst, das

Rigorosum nicht zu schaffen. Und obwohl ich mir im Stillen gebetsmühlenartig wiederholte, bisher noch jede Prüfung in meinem Leben bestanden zu haben und außerdem gut vorbereitet zu sein, wollte meine Angst nicht weichen. Irgendwann in jenen panischen Tagen besuchte ich meine Mutter. Sie stand in der Küche und bügelte. Wie in Kindertagen setzte ich mich zu ihr an den Tisch und schaute zu, wie sie mit immer denselben Bewegungen die Wäschestücke nahm, sie ausbreitete, bügelte, faltete, nochmals glattstrich und schließlich weglegte. Mitten in das Schweigen hinein platzte es plötzlich nur so aus mir heraus. Ich redete von Alpträumen und zerbissenen Fingernägeln, schlaflosen Nächten, meiner Angst zu versagen und was um Gottes Willen passieren würde, wenn ich die Prüfungen nicht bestehen, wenn ich mit Pauken und Trompeten durchfallen würde. Noch heute sehe ich meine Mutter dort in der Küche stehen. Sie hatte das Bügeleisen zur Seite gestellt, die Hände in den Tiefen ihrer Schürzentaschen versenkt. Erst, als ich atemlos schwieg, sagte sie mit aller Seelenruhe: »Dann bleibst du eben ohne Doktortitel, deshalb bist du nicht weniger wert.«

Dieser Satz hat mich damals wie ein Pfeil getroffen, ein Pfeil aus Licht, mitten ins Herz. Es war, als hätte er die Angst mit einem Schlag daraus vertrieben und Platz für jene Leichtigkeit und Lockerheit geschaffen, die ich brauchte, um sicher und voller Selbstvertrauen in die mündlichen Prüfungen zu gehen. Am Ende liefen alle drei sehr gut und glatt. Wie gebügelt, sage ich immer.

Mitunter kann uns ein gutes, ein heilendes Wort aus dem Mund eines wohlmeinenden Menschen ganz unspektakulär und wie im Vorübergehen treffen. Manchmal aber brauchen wir auch ein Gespräch, den intensiven Gedankenaustausch mit einem sensiblen Gegenüber. Und wir dürfen es einfordern, dieses Gespräch, dürfen unseren Nächsten darum bitten.

Dabei fällt mir eine Dame ein, die mir nach einem Vortrag einmal den Vorwurf machte, dass die Sache mit den Gesprächen nicht so einfach sei wie ich es formulieren würde, weil es Menschen gäbe, die wie sie völlig vereinsamt lebten und niemanden hätten, mit dem sie reden könnten. Dass es Einsamkeit gibt, glaube ich gewiss. Und doch bin ich überzeugt, dass derjenige, der nach allen Seiten lobt und dankt, der für andere betet, großzügig Freude und gute Worte und auch sein Lächeln verschenkt, einen anderen finden wird, der Lust verspürt, mit ihm zu reden. Ich bin fest davon überzeugt, dass das Leben auf alle Signale, die wir aussenden, reagiert und jedes noch so kleine Engagement belohnt. Wer Licht gibt, wird Licht empfangen. Und was wir aussenden, kehrt zu uns zurück. Wer ein Gespräch sucht, wird es finden. Heilsame Gespräche, die Erfahrung habe ich zumindest gemacht, lassen sich auch mit Menschen führen, die uns eigentlich fremd sind und denen wir nur zufällig begegnen.

Obwohl es Jahrzehnte zurückliegt, erinnere ich mich gut an ein Gespräch, das ich im Schlosspark von Charlottenburg geführt habe. Ich saß auf einer Bank am Teich, wo zu meinen Füßen eine Ente schlief. Es war früher Morgen, der Park noch wie träumend, still und unberührt. In die Stille hinein hörte ich Schritte näherkommen, die zu einer alten Dame mit einem kecken Hütchen im silbergrauen Haar gehörten und die mich genauso keck fragte, ob die Ente zu mir gehöre. Über diesen Scherz kamen wir ins Gespräch. Ein Gespräch, bei dem wir irgendwann die alten Butterkekse aßen, die sie eigentlich an die Ente verfüttern wollte. Die Lust, etwas voneinander zu erfahren, die Freude am Austausch, die wir an jenem Tag spürten, war unglaublich. Und wir erzählten uns erstaunlich persönliche Dinge, sprachen von Erlebnissen in der Kindheit, von Träumen, wiederkehrenden Bildern, von Angst und Verletzungen, Wunden unserer Seele, die einfach nicht heilen wollten. Ich kann nicht sagen, woher wir beide den Mut genommen haben, der jeweils anderen so tiefe Einblicke in die eigene Psyche zu gewähren. Ich weiß nur, dass dieses Gespräch mich noch lange beschäftigt und eine wunde Stelle in mir geheilt hat. Für mich war es ein Geschenk des Himmels.

Für alle heilsamen Gespräche gilt – und ich weiß, dass ich mich wiederhole –: Führen Sie sie lieber zu früh als zu spät, denn am Anfang sind viele der Probleme, die uns wertvolle Energien rauben, viele der Wunden, die uns seelische Schmerzen bereiten, nur oberflächlich. Wenn Sie sie jedoch einfach ignorieren, können diese Wunden – bildlich gesprochen – tiefer werden, sich entzünden, eitern und am Ende lebensbedrohlich werden. Deshalb ist es wichtig, sich in keinem Schmerz, auch wenn er noch so klein ist, schweigend zu verkriechen, sondern sich vielmehr zu öffnen und einem anderen anzuvertrauen.

Wagen Sie beherzte Schritte! Auch dann, wenn eine Stimme in Ihnen flüstert: »Ich kann den ersten Schritt nicht tun, ich will den ersten Schritt nicht tun! Warum merkt denn niemand, wie schlecht es mir geht?« Wir alle können, wenn wir nur wollen, Anfänger des Unmöglichen sein und erfahren, wozu wir fähig sind, wenn wir unsere vermeintlichen Grenzen überschreiten und unseren Nächsten um sein offenes Ohr bitten. Wir können spüren, dass im Loslassen von solch festgefahrenen Überzeugungen die Chance enthalten ist, neues Glück zu erfahren, denn in dem Moment, in dem wir über unseren Schatten springen und anfangen, über unsere Verwundungen, unseren Herzschmerz zu reden, setzt schon der Heilungsprozess ein.

Dabei ist es unwichtig, wo wir starten. Wichtig ist nur, wohin wir wollen. Statt uns also in der Tiefe, in die wir uns geworfen fühlen, häuslich einzurichten, sollten wir unsere Schritte dorthin lenken, wo wir Gutes erwarten dürfen. Wo eine Atmosphäre der Liebe herrscht, man es aufrichtig mit uns meint und von Herzen die Wahrheit liebt. Kurz gesagt: Wir müssen, wir dürfen uns entschließen, zu unserem Nächsten zu gehen, zu Freunden, Bekannten, Nachbarn, Arbeitskollegen, Gemeindemitgliedern ... Wir brauchen dazu nur den Mut, auf Tuchfühlung zu gehen. Schließlich sind wir alle »Miteinander-Menschen«, die auf Gegenseitigkeit angelegt sind.

Verabreden Sie sich doch einmal spontan und treffen Sie sich »außer der Reihe« mit ihren Freunden. Telefonieren Sie, besuchen Sie jemanden, machen Sie einen gemeinsamen Spaziergang durch den Wald oder durch duftende Felder, sitzen Sie gemeinsam an einem stillen Sommerabend im Licht der untergehenden Sonne, oder treffen Sie sich im Park, am Wasser, unter alten Bäumen, im Restaurant, in einer gemütlichen Kneipe ... Was zählt, ist, dass Sie sich aufmachen – im doppelten Sinne des Wortes – und reden.

Lassen Sie den Worten ruhig einmal freien Lauf, kontrollieren Sie nicht gleich alles, legen Sie nicht alles auf die »Wortwaage«. Alles ist erlaubt. Und auch die Tränen, die mit den Worten kommen, sind willkommene Gäste. »Weinen putzt die Augen«, pflegte meine Großmutter zu sagen und bestand darauf, dass es sich mit den Augen wie mit den Fenstern verhält: Je sauberer man sie putzt, desto besser und klarer die Sicht. Also: Reden Sie sich den Kummer von der Seele!

Dann passiert das Wunderbare, das wohl jeder schon erlebt hat: Erzählend fällt uns auf und ein, was uns fehlt. Wer sich etwas von der Seele redet, wirft Gewichte ab. Gewichte, die einem die Leichtigkeit und die Beweglichkeit raubten, jeden Schritt erschwerten und vor der Zeit müde werden ließen.

Auf einmal kommt Licht ins Dunkel, es bieten sich Lösungsmöglichkeiten an, Alternativen, die wir vorher nicht gesehen haben, werden offenbar. Mitten im Wortfluss sind sie aufgetaucht, denn was zur Sprache kommt, kommt ans Licht, sprich ins Bewusstsein. Therapeuten sprechen deshalb auch gern vom »bekennenden Gespräch«. Klarheit auf sprachlicher Ebene schafft Klarheit im Denken und im Fühlen. Durch die Wahl unserer Worte verraten wir nicht nur dem anderen, sondern auch uns selbst Erstaunliches über unsere Gefühle und Konflikte. So kommen wir mit jedem Wort, mit jedem Satz, mit jedem Gedanken, den wir laut formulieren, ganz neu in Kontakt mit uns selbst, was mitunter ungeahnte Kräfte freisetzt – und auch die Lust, endlich einmal wieder aufzuräumen im eigenen Seelenhaus.

Natürlich sind es eher Freunde, Menschen, die wir schon lange kennen, die uns gute Worte mit auf den Weg geben. Manchmal sind es aber auch Fremde, Menschen, denen wir nur flüchtig begegnen, die uns aber dennoch Worte mitgeben, die in genau diesem Augenblick richtig und wichtig waren, die wir uns selbst nicht hätten zusprechen können. Worte, die uns weitergebracht haben, die wesentlich für unser Leben geworden sind. Ich bin sicher, dass uns allen solche Worte schon zugefallen sind. Ich nenne sie gern »Grüß-Gott-Worte«, weil ich das Gefühl habe, dass Gott uns durch sie grüßt.

Nachhall

Vor Jahren einmal hatte ich solch ein »Grüß-Gott«-Erlebnis in Hall in Tirol. Die Worte, die ich damals von einer mir völlig fremden Person gesagt bekommen habe, begleiten mich noch heute, sind mir eine große Hilfe, eine Art innere Stütze.

Wenn ich an jenen Tag zurückdenke, fallen mir erstaunlicherweise als erstes seine Farben ein: das satte Grün der Bergwiesen und die himmelblau umwickelte Pfote meines Hundes, der sich zwei Tage vor meiner Reise eine Sehne gerissen hatte. Zum Glück verfügte das Hotel über einen Aufzug, was uns die Beweglichkeit im Haus erleichterte. Dennoch ließ ich ihn an jenem Abend, der für mich ein ganz besonderer, eine Art Premiere war, auf dem Zimmer, was dazu führte, dass ich auf dem Weg in die Halle in mehreren Sprachen gefragt wurde, wo denn der Hund sei und ob es ihm nicht gut ginge. Für mich, die ich in wenigen Minuten meinen ersten Vortrag vor einem internationalen Publikum halten sollte, eine rhetorische Herausforderung, denn ich war nervös, unglaublich nervös. Und ich wurde noch nervöser, als der Direktor des Hauses mich vertraulich unterhakte und mir leichtfüßig parlierend mitteilte, dass die Küche umdisponiert habe und man nun doch lieber zuerst das Abendessen reichen und erst im Anschluss daran meinen Vortrag hören wolle. Für mich hieß das warten. Wiederum warten. Den ganzen Tag über hatte ich an der Seite meines Hundes nichts anderes getan. Und so saß ich jetzt in dieser nüchternen, weißen Hotelhalle. Essen konnte ich nichts, denn ich war viel zu nervös. Und es fühlte sich wie eine Ewigkeit an, bis endlich auch das Klappern der letzten Teller verstummt war und die ersten Tagungsgäste aus dem Speisesaal in den Vortragsraum hinüberwechselten.

Dann aber ging alles erstaunlich schnell. Der Hoteldirektor scheuchte mich förmlich zum Rednerpult und formulierte eine Begrüßung, die gleichzeitig eine Entschuldigung war, warum er selbst keine Zeit habe, sich den Vortrag anzuhören. Dass er nicht bleiben und mir zuhören wollte, verunsicherte mich. Dennoch begann ich aus meinem Manuskript vorzutragen. Ich hatte noch gar nicht viele Worte gemacht, als mir auffiel, wie warm es in diesem Raum war und dass er über kein einziges Fenster verfügte. Als hätten das plötzlich alle bemerkt, fingen die Ersten an, sich Luft zuzufächeln. Ich begann schneller zu reden und überlegte, ob ich vielleicht eine Pause machen oder meinen Blazer ausziehen oder ihn wenigstens aufknöpfen sollte. Dabei verfluchte ich die Hitze in meinem Gesicht, die jetzt alle sehen konnten, diese Hitze, die mich verriet, weil sie nichts anderes war als glühendrote Unsicherheit, denn je länger ich redete, umso mehr beschlich mich das Gefühl, die Anwesenden zu langweilen. Es war furchtbar. Am liebsten wäre ich davongerannt.

Und dann erhob sich auch noch jemand und verließ den Raum. Das brachte mich völlig aus dem Konzept. Ich hörte das leise, etwas schleifende Geräusch der Tür und versprach mich zum ersten Mal an diesem Abend. Als sich kurz darauf die Tür genauso schleifend wieder öffnete und der Mann zurückkam, versprach ich mich ein zweites Mal, weil ich mit dem Zeigefinger, den ich mittlerweile zu Hilfe nahm, in der Zeile verrutscht war. Ich redete noch schneller als zuvor, jagte schwitzend durch meinen Vortrag, der die Anwesenden immer mehr zu langweilen schien. Müde, satte Gesichter, wohin ich auch schaute. Ein Mann war sogar eingeschlafen. Ein begeistertes Publikum sah meiner Meinung nach anders aus. Ich beeilte mich, mit meinen Ausführungen fertig zu werden, übersprang Worte, kürzte Sätze, galoppierte durch die letzten Kapitel und schließlich aufs Ende zu.

Und dann war es vorbei. Kurze Stille im Saal. Unerträgliche Hitze. Und dann Applaus. Und was für ein Applaus! Plötzlich herrschte Gedränge um mich herum, ich hörte tatsächlich jede Menge Lob, und der Direktor überreichte mir Blumen. Dann passierte das Erstaunliche: Als ich mein Manuskript vom Rednerpult nahm, stand sie plötzlich vor mir, diese fremde Frau. Sie kam ganz nah, weil sie mir etwas sagen wollte, kam noch näher, weil ich sie nicht verstand, weil es doch so laut war im Raum. Und dann sprach sie so nah an meinem Ohr, dass ihr Haar mein Gesicht berührte, wie absichtlich meine heißen Wangen kitzelte. Sie schimpfte mit mir, weil ich viel zu schnell geredet hatte, weil ich »zum Publikum hinabgestiegen« war, wie sie sagte. Und obwohl ich den Kopf drehen und etwas erwidern wollte, erlaubte sie es nicht und sprach einfach weiter. »Das dürfen Sie niemals tun«, sagte sie. Ich staunte, weil ihre Stimme so energisch und dabei so freundlich klang und ihr Haar nach der Blumenwiese duftete, in der ich den ganzen Nachmittag mit meinem Hund gelegen hatte. »Sie müssen, wenn Sie reden, ganz bei sich bleiben und das Publikum zu sich heraufziehen.« Während ich den warmen Duft ihres Haares einatmete und gespannt wartete, was sie mir noch zu sagen hatte, diese Stimme, die mich so seltsam berührte, drehte sich die Frau weg und ging. Ich konnte ihr nicht einmal folgen, weil mich jemand am Arm festhielt und wissen wollte, bei wem ich promoviert habe. So ist sie vor meinen Augen verschwunden und ich habe sie nicht wiedergefunden, obwohl ich den ganzen Abend nach ihr Ausschau gehalten habe. Ihre Stimme aber ist mir geblieben. Und bis heute, wenn mich bei Vorträgen oder auch bei Lesungen die Angst beschleicht, mein Publikum zu langweilen, und ich mich dabei ertappe, schneller zu lesen, hallen ihre Worte wie ein Echo in mir nach. Sogleich werde ich dann ruhiger und konzentrierter und versuche intensiver als zuvor, meine Zuhörer zu erreichen.

Für mich war diese Frau in Hall eine Art Engel, der mir geschickt worden ist, um mir genau diese Mahnung ins Herz zu legen. Eine Botschaft, ein »Grüß-Gott«-Wort, das für mich und meine Arbeit zur richtigen Zeit kam. Noch heute bin ich zutiefst dankbar für diese Begegnung.

Vom Loslassen I

*Prüft alles,
das Gute behaltet!*

1 THESSALONICHER 5,21

Kann man Loslassen eigentlich lernen? Ich weiß es nicht. Aber ich versuche zumindest das Gefühl dafür in mir wach und lebendig zu halten, indem ich an manchen Tagen ganz bewusst in die Dämmerung hineinlaufe. Für mich sind diese Spaziergänge immer wieder ein Erlebnis der besonderen Art – diese Augenblicke, wenn das verlöschende Licht die Welt um mich herum ganz langsam verschluckt, mit einer geradezu zärtlichen Gleichgültigkeit verschluckt, ohne dass ich es verhindern kann.

Zunächst versuche ich natürlich, Widerstand zu leisten und das langsam Verschwindende mit den Augen festzuhalten. Aber die Dunkelheit macht ihre Sache gut und zwingt mich loszulassen. Jedes Mal wieder spüre ich, wie wohltuend es ist, Dinge geschehen zu lassen, es anzunehmen, dass es in meinem Leben Augenblicke gibt, in denen etwas langsam und unaufhaltsam entgleitet. Für mich sind diese abendlichen Spaziergänge so wichtig und wohltuend, weil ich das Gefühl habe, dass dieses spielerische Loslassen nicht nur meinen Augen, sondern auch meiner Seele guttut. Oft fühle ich mich, wenn ich nach Hause zurückgekehrt bin und meine Arbeit am Schreibtisch wieder aufgenommen habe, ein wenig freier und leichter als zuvor. Und manchmal auch ein wenig glücklicher.

Das Gegenteil von Loslassen ist Festhalten. Nun können wir nicht nur Geld und Gut und geliebte Menschen, wir können auch Gedanken und Vorstellungen mit Paul'scher Verbissenheit festhalten. Ich habe einmal dazu eine Geschichte aus dem »Zen« gelesen, die mir in ihrer Schlichtheit gut gefallen hat:

Zwei Mönche gingen gemeinsam auf einer Straße, die vom Regen ganz aufgeweicht war. An einer Wegbiegung trafen sie eine junge Frau in einem glänzenden Kimono, die auf die andere Seite der Straße wechseln wollte. Einer der beiden Mönche nahm sie auf den Arm und trug sie hinüber. Dann gingen die beiden Männer ihren Weg schweigend weiter. Kurz bevor sie das Kloster erreichten, brach der eine von ihnen das Schweigen. Aufgebracht fragte er den anderen, warum er das Mädchen über die Straße getragen habe, wo er doch wisse, dass den Mönchen die Berührung von Frauen, vor allem von so jungen, hübschen Frauen verboten sei. Der Angesprochene lächelte mild und sagte: »Ich habe das Mädchen auf der anderen Seite der Straße wieder abgesetzt, trägst du sie immer noch?«

Die Geschichte verrät, was wir alle längst wissen, die schlichte Wahrheit nämlich, dass das Glück unseres Lebens ganz wesentlich von der Farbe unserer Gedanken abhängt. Gedanken sind Energien, sind Kräfte, die zur Verwirklichung drängen. Die Bibel bringt es sprachlich auf einen betörenden Nenner: »Das Himmelreich ist in euch«, sagt sie.

Unserem Denken haftet eine gewisse Magie an. Jeder unserer Gedanken ist durch und durch schöpferisch, ob er finster oder licht ist, spielt dabei keine Rolle. Deshalb sollten wir unseren Gedanken mit gebührendem Respekt begegnen, sie behutsam prüfen und stets auf gute Gesellschaft achten, sind sie doch die Weichensteller für das Glück in unserem Leben. Mit anderen Worten: Gute Gedanken sind Glücksgüter. Negative, angstvolle Gedanken dagegen können das Gegenteil sein.

Mein Vater war mir diesbezüglich ein trauriges Vorbild. Bei Familienfeiern pflegte er gern sein Glas zu erheben und zu sagen: »So jung wie heute kommen wir nie mehr zusammen.« Mein Bruder und ich haben bei diesem Trinkspruch jedes Mal die Augen verdreht. Wir waren Heranwachsende, hatten keine Beziehung zum Alter und waren noch in dem Gefühl zu Hause, dass die Zeit ein Ozean ist, ein riesiges, nie versiegendes Meer. Kein Wunder also, dass wir die Worte unseres Vaters nicht nur überflüssig, sondern auch peinlich fanden. Viel später erst, als wir erwachsen waren, haben wir gemerkt, dass sich hinter diesem fröhlichen Ausspruch eine traurige Angst verbarg: die Angst, alt zu werden. Nichts fürchtete mein Vater mehr. Und so wurde die unermüdlich verrinnende Zeit für ihn ein wichtiges, wenn nicht gar das wichtigste Thema überhaupt, das ihn in der Lebensmitte regelrecht beherrschte.

»Die Zeit«, schreibt Hugo von Hofmannsthal »sie ist ein sonderbares Ding. Wenn man so hineinlebt, ist sie rein gar nichts. Aber dann auf einmal, dann spürt man nichts als sie.« Genau so erging es unserem Vater wohl. Er spürte und fürchtete nichts so sehr wie die verrinnende Zeit. Und je älter er wurde, umso größer wurde seine Angst, eine Art Engpass, der ihm den Blick versperrte, die Luft zum Atmen raubte und am Ende schier das Herz brach. Nicht mehr zu übersehen und zu überhören war diese Angst, als sein fünfzigster Geburtstag näher rückte. Allein die Zahl schien ihn in grenzenlose Panik zu versetzen. Monate vorher schon redete er von nichts anderem. Er begann, auf eine ungesunde, übertriebene Art und Weise Sport zu treiben, als wolle er der verhassten Fünfzig davonradeln, davonrennen, davonschwimmen. Aber sie holte ihn trotzdem ein. Zeitlos lächelnd.

Noch heute sehe ich ihn an seinem Geburtstag am Frühstückstisch sitzen. Und noch heute sehe ich sein entsetztes Gesicht, als er auf einem der Geschenke eine rote Fünfzig entdeckte, die jemand gut sichtbar aufgeklebt hatte. Da hockte sie, diese dicke runde Zahl, der er den Krieg erklärt hatte, diese Zahl, gegen die er ankämpfte wie Don Quichotte gegen seine Windmühlen. Ein aussichtsloser Kampf, den mein Vater nur wenige Jahre später verloren hat. Oder eben gewonnen – ich weiß nicht, wie er es sehen würde. Im Winterurlaub war er dem Alter auf Skiern mit jugendlichem Schwung einfach davongefahren, dem Tod allerdings direkt in die Arme. Die Ärzte sprachen von »Sekundentod«, mein Bruder und ich aber von »Flucht« und von übergroßer Angst vor der Vergänglichkeit alles Lebendigen.

Damals habe ich mir geschworen, meine Lebenszeit nicht nur linear zu betrachten, sondern sie wie ein Mosaik, eine Collage zu sehen. Eine Art Zeitmuster, das mir die ganz Fülle meines Seins, die vielen Aspekte meiner Persönlichkeit zeigt. Ich wollte nicht – wie mein Vater es getan hatte – diese ewigen Vergleiche anstellen, dieses Vorher und Nachher, dieses ständige: Wie war ich gestern und wie bin ich heute? So nahm ich mir vor, meine ureigene Lebenszeit als ein großes, buntes Bild zu sehen und mir Zeit meines Lebens die Zeit zum Freund und nicht zum Feind zu machen, sie stets mit guten Gedanken zu bedenken, zärtlich und liebevoll über sie zu sprechen, sie als etwas anzunehmen, das mich nicht nur verbraucht und verzehrt, sondern auch wertvoller und reifer macht, die mich zwar älter werden lässt, mir deshalb aber nicht zwangsläufig die Lust und die Freude am Leben stiehlt.

Und ich habe mir geschworen, dass mein fünfzigster Geburtstag keine Zeit der Krise sein wird, sondern dass ich ihn vielmehr mit Freude begrüßen und feiern werde. Und genauso habe ich es gemacht. Ich habe diesen Tag von Herzen genossen.

Auch habe ich mir damals angewöhnt, ruhig einmal über das Alter zu lachen. Der Sohn einer Freundin, ein pubertierender Heranwachsender, erzählte mir beispielsweise, dass er seine Deutschlehrerin total cool findet. Auf meine Frage, wie alt diese coole Person denn sei, hat er lange überlegt, mich prüfend angeschaut und gesagt: »So zwischen dreißig und sechzig.« Und dann fügte er hinzu: »Die sieht wie du von hinten aus, als würde sie von vorn gut aussehen.«

Zeitgeflüster

»Manchesmal in der Nacht, fällt ein Stern mir in den Schoß«, schreibt die Dichterin Rose Ausländer. Mir fällt in manchen Nächten – vor allem dann, wenn ich aus welchen Gründen auch immer nicht schlafen kann – ein Gedanke in den Schoß. Der Gedanke nämlich, dass die Zeit unaufhörlich verrinnt, wie der Sand einer Sanduhr, der nicht aufzuhalten ist, wenn er einmal in Fluss gerät.

Die Zeit ist ein großes Geheimnis. Etwas, das uns lautlos berührt, einhüllt, verändert. Im Gegensatz zu uns kommt sie nie atemlos daher. Sie hetzt und stolpert nicht, stürmt und drängt nicht, ihr Schritt ist gleichmäßig wie der Wechsel von Tag und Nacht. Unbeirrbar. Jahraus und jahrein. Und dabei macht sie ein stets gleichbleibend freundliches Gesicht.

Was bedeutet es nun für uns, dass die Zeit – so kostbar und so flüchtig – unermüdlich verrinnt? Eines gewiss: Sie sagt uns, dass wir älter werden. »Die Zeit schlägt Falten in die reinste Stirne, entstellt die schöne Wahrheit der Natur und prägt auf alles der Vernichtung Spur«, so klingt es prosaisch in Shakespeares Sonetten. Aber – und das ist das Versöhnliche am Lauf der Zeit – neben aller Vergänglichkeit heißt Fülle an Jahren auch Fülle an Leben.

Mir ging es vor einiger Zeit so, dass ich mit meinen angehäuften Jahren durchaus gut leben konnte. Als aber auf einer Silvesterparty jemand nach meinem Alter fragte und ein anderer stellvertretend für mich antwortete, zuckte ich innerlich zusammen, spürte Verwirrung. Was hatte mich erschreckt? Vielleicht die plötzliche Eingebung, dass unser Leben so erstaunlich schnell verrinnt. Die schlichte Einsicht eben: »Schnell wie Wasser rinnt die Zeit ... schnell wie Wasser rinnt ein Leben« (Rose Ausländer). Dieser Schnelligkeit, so fordert uns das Leben auf, gilt es etwas entgegenzusetzen.

In der »Birnau« am Bodensee, jener mächtigen barocken Wallfahrtskirche, die so still und in sich gekehrt übers Wasser blickt, haben die Bildhauer neben den unzähligen Engeln, Blumen und Girlanden verschiedene Uhren angebracht. Eine davon ist die berühmte »Marienuhr«. Sie hängt nicht in Augenhöhe, wie man annehmen sollte, vielmehr unter der Decke, wo sie jeden, der nach oben blickt, daran erinnert, dass unsere Zeit hier auf Erden begrenzt ist. Gleichzeitig aber ruft sie uns aus luftiger Höhe ein himmelblaues »Memento mori!« (»Gedenke, dass du sterblich bist!«) zu. Sie ermahnt uns mit goldenen Zeigern, unsere Erdenzeit gut zu nutzen und der Schnelligkeit des Lebens unbedingt etwas entgegen zu setzen. Mußestunden zum Beispiel.

Himmlische Zeiten sozusagen, in denen die Zeit stillzustehen scheint. »Gott hat die Zeit gemacht«, weiß ein heiteres Sprichwort zu berichten, »von Eile hat er nichts gesagt.«

Gerade ein Jahreswechsel, wenn das alte und das neue Jahr sich verschwistern, ist eine passende Zeit, um sich ganz bewusst einmal solch eine stille Stunde zu gönnen. Auch die Tage zwischen den Jahren bieten sich an, jenes Niemandsland Zeit, in dem wir Altes los- und hinter uns lassen, im Neuen aber noch nicht ganz angekommen sind. Eine Art Schwebezustand, in dem wir jetzt unsere Fantasie spielen lassen.

Auf denn! Verlassen wir in unserer Fantasie die warme Stube und wandern wir hinaus in die Natur, die uns winterlich empfängt. Und während wir einen Schritt vor den anderen setzen, streifen wir den »Geist der Schwere« ab und werden leicht wie die kalte Luft, die uns umhüllt. Seien wir ganz im Augenblick, im Jetzt, diesem edelsten und kostbarsten Gut, das die Zeit uns schenkt.

Denken wir nicht voraus, schauen wir nicht zurück, konzentrieren wir uns vielmehr darauf, im winterlichen Weiß jenes Element aufzuspüren, das der Zeit durchaus ähnlich ist. Das Wasser. Durch sein unermüdliches Strömen symbolisiert es ein grundlegendes Lebensprinzip: Leben ist Fluss, ist fließendes Treiben, ist unaufhörlich unaufhaltsam verrinnende Zeit. Und während der Schnee unter unseren Schuhen knirscht, träumende Tannen uns grüßen, entdecken wir einen Bach in seinem frostig filigranen Bett. Da stehen wir nun unter dem weiten blauen Winterhimmel und schauen auf das unverdrossen und munter drängende Wasser. Und während wir schauen und lauschen, scheint das Murmeln und Glucksen in uns hineinzuströmen, in uns nachzuklingen.

Es schwemmt Gedanken mit Leichtigkeit herbei und mit ebensolcher Leichtigkeit wieder davon. Der Verstand, der stets begreifen und ordnen will, überlässt sich willig dem Geist des Wassers, taucht sozusagen ein ins freundliche, wenn auch eisig kalte Nass, will sich an nichts mehr auf- und festhalten, bei nichts verharren, will ganz und gar lebendig sein, fließen eben, unbeirrt, selbst zum winterlichen Bach werden, um zu feiern, was das Leben ausmacht: den Augenblick. Diesen vergnügten Zeitzeugen, der sich ebenso wenig fangen lässt wie das Murmeln unseres Baches. Und während wir langsam nach Hause zurückgehen, am Wegesrand vielleicht noch den einen oder anderen mit Schnee bedeckten Baum bewundern, spüren wir eines ganz deutlich. Wie ein tiefes, zeitlos gültiges Wissen hat es der Bach in uns hineingespült: »Auf der großen Zeituhr steht nur ein Wort: Jetzt.«

So dem Augenblick hingegeben, spüren wir eine geheimnisvolle Kraft in uns wachsen, die uns ermutigt und ermuntert, die Vergänglichkeit hier auf Erden zu akzeptieren. Und die uns hilft, alles das, was wir nicht festhalten können, vertrauensvoll loszulassen.

Vom Loslassen II

Für mich war und ist die Lebensmitte ein Raum der Neuorientierung, nicht der Frustration. Leben ist Bewegung und Veränderung. Veränderung, die natürlich auch sichtbare Spuren hinterlässt. Gerade für Frauen nicht immer ein ganz leicht zu nehmendes Kapitel im Buch des Lebens. Jugendlichkeit, Attraktivität – ein ewig altes und immer neues Thema.

Ich weiß nicht, wie oft ich schon gefragt worden bin, warum ich mir nicht die Haare färbe, weil ich dann doch – wenn sie nicht mehr grau, sondern wieder braun wie früher wären – gewiss viel jünger aussehen würde. Aber ich mag mein graues Haar. Immer schon. So einfach ist das. Und ich bin fest davon überzeugt, dass wir, sobald wir mit Hartnäckigkeit versuchen, an einem jugendlichen Erscheinungsbild festzuhalten, die Anleitung zum Unglücklichsein in Händen halten. Und genau das will ich nicht.

Das Zauberwort heißt für mich auch hier: loslassen. Lebensspuren annehmen. Und überhaupt, nur weil ein Körper altert, verliert er doch nicht zwangsläufig seine Schönheit. Schönheit, das ist das

Schöne an der Schönheit, liegt zum Glück im Auge des Betrachters und ist in jedem Lebensabschnitt eine andere. Für mich ist eine Rose zu jeder Zeit ihres Daseins schön. Natürlich anders schön, wenn sie taufrisch erblüht ist und samtig weich im Licht schimmert, als wenn sie bereits trockener und dunkler geworden ist, letzte Wärme auf ihren Blättern trägt und süßer duftet als jemals zuvor. Und immer noch schön, wenn sie sich schließlich demütig in sich zusammenzieht und von einer so zärtlichen Sehnsucht nach dem tief Drinnen kündet.

Nicht immer sind die Gedanken, an denen wir festhalten, so gefährlich und sogar tödlich wie im Fall meines Vaters. Ich habe die Erfahrung gemacht, dass viele Menschen an ganz ähnlichen Gedanken festhalten. Gedanken, die sie mit sich herumschleppen, als wären sie wertvoll wie der Klumpen Gold im Märchen, und das über Jahre hinweg, Jahrzehnte, bis ans Ende ihrer Tage. Die Einstellung zum Beispiel, dass früher alles besser war als heute. Natürlich waren sie auch nur damals, in jenen längst vergangenen Tagen, wirklich glücklich. Und so reden sie mit Ausdauer und Begeisterung von jener verklärten Vergangenheit, die so viel besser und lebenswerter war als jede Gegenwart und an die auch keine Zukunft je heranreichen wird.

Ein anderer Gedanke ist das Vergleichen. Auch dies ein Thema, das vielen Menschen gemeinsam ist: vergleichen und feststellen, dass nur die anderen wirklich glücklich sind, weil bei ihnen alles besser und schöner ist, alles reibungsloser und erfolgreicher funktioniert.

Solche Festschreibungen in unseren Köpfen, die mit der Realität wenig bis gar nichts zu tun haben, sind alles andere als hilfreich für ein positives Lebensgefühl, ganz im Gegenteil, sie sind lebensfeindlich, weil sie uns wertvolle Energien rauben. Trotzdem schleichen sie sich immer wieder in unser Denken ein. Gerade das Vergleichen aber scheint mir genauso wie die hechelnde Jagd nach ewiger Jugend eine Anleitung zum Unglücklichsein.

Obwohl ich mich bemühe, diese »Energie-Fresser« aus meinem Kopf zu verdammen, gelingt mir das nicht immer. Ich nenne das die »Nachbars-Garten-Kirschen-Augenblicke«: Das, was auf der anderen Seite des Zauns hängt, schmeckt immer besser als das, was auf der eigenen Seite hängt. Wenn ich die Struktur dieser Gedanken erklären sollte, würde ich sie an einem simplen, ganz und gar alltäglichen Beispiel festmachen: Wenn ich von Bingen aus anstatt auf der Autobahn auf der Landstraße nach Düsseldorf fahre, also die wunderschöne Bundesstraße 9 am Rhein entlang, was ich oft tue, erwische ich mich erstaunlich häufig dabei, dass ich es bedaure, auf dieser und nicht auf der anderen Seite des Flusses zu fahren. Aus dem einfachen Grund, weil ich das »Dort« auf einmal bedeutend schöner und reizvoller finde als das »Hier« –, was mit der Wirklichkeit nichts zu tun hat, denn kaum fahre ich auf der anderen Rheinseite, stimme ich dasselbe Klagelied an, bedaure wieder hier und nicht dort zu sein.

Sie merken, worauf ich hinaus will. In manchen Augenblicken halten wir, ob bewusst oder unbewusst, an diesen unsinnigen Vorstellungen und Einstellungen fest, die einzig und allein dazu taugen, uns unglücklich zu machen. Anstatt uns an dem zu erfreuen, was wir haben, leiden wir darunter, dass wir etwas anderes nicht haben.

Ich habe einmal mit einem Freund zusammen, dessen Mutter in Kur gefahren war, in tagelanger, mühsamer Arbeit die Küche dieser Frau renoviert. In Klammern möchte ich hinzufügen, dass diese Küche die Kur ebenfalls sehr nötig hatte. Als die Frau nach Hause zurückkehrte, haben wir natürlich mit Hochspannung ihre Reaktion erwartet. Der einzige Satz, den sie im Türrahmen von sich gegeben hat und den ich in meinem ganzen Leben wohl nicht vergessen werde, lautete: »Schade, warum habt ihr nicht den Keller aufgeräumt?« Ein wunderbares Beispiel dafür, wie wir uns selbst alle Lebensfreude und jegliches Glücksgefühl nehmen können, indem wir nicht auf das schauen, was wir haben, sondern allein auf das, was fehlt.

Die Lektion, die wir in solchen Momenten lernen müssen, heißt: den Verstand einschalten, mit dem wir zum Glück reichlich gesegnet sind, und uns beherzt von solch unguten Denkstrukturen verabschieden. Zugegeben, das ist nicht leicht. Denn Leben ist Rhythmus, ist ein stetiges Auf und Ab, und natürlich sind wir nicht immer gut drauf. Aber ungeachtet dessen, ob wir von Herzen fröhlich oder von Herzen betrübt sind, können wir uns bemühen, unseren Gedanken eine positive Richtung zu geben.

Ich kenne eine Frau, die kultiviert seit Langem schon ihre ganz persönlichen »Froschkönig-Tage«. An solchen Tagen steckt sie sich einen unglaublich hässlichen Plastikfrosch – klein, giftig grün, mit goldener Krone – in die Tasche. Von ihm lässt sie sich spielerisch daran erinnern, dass »hässliche« Gedanken »schön geküsst« werden können. Und so bemüht sie sich ganz bewusst an diesen Tagen, so freudvoll und so positiv wie möglich zu denken. Sie jammert nicht über das, was ihr alles fehlt, was gerade nicht klappt, was besser sein könnte, was die anderen haben und sie nicht, sondern freut sich über das, was gut ist, was ihr gelingt, was eine Herausforderung darstellt, was ihr Vergnügen bereitet oder sie innerlich wachsen lässt. Mit anderen Worten: Sie versucht, alle die Gedanken, die als Spielverderber ihres Glückes auftreten, aus ihrem Kopf zu verbannen und bittet stattdessen die freundlichen, die glückstiftenden Gedanken herein. Sie ist jedes Mal erstaunt, wie sich ihr Empfinden an solchen Tagen ändert.

Natürlich verbietet sie sich auch jede Art von Vergleich. Denn Vergleiche tun weh. Ich werde wohl nie jenen Augenblick vergessen, da ich meinen ersten Freund zum ersten Mal zum Essen eingeladen hatte. Auf Anraten meiner Mutter hatte ich sogar einen Kochkurs besucht. Kartoffel-Brokkoli-Auflauf stand auf dem Programm. Schweigend saß er mir gegenüber, aß langsam und mit Genuss. Und irgendwann schaute er mich an, ein langer, tiefer Blick aus tiefen blauen Augen, der meine Wangen glühen ließ, und sagte dann in die gespannte, kartoffelwarme Stille hinein: »Der Auflauf von meiner Mutter schmeckt besser.«

So ähnlich wie mir damals muss es dem Augenblick ergehen, der uns einen herrlichen Sonnenuntergang schenkt und uns währenddessen von einem anderen reden hört. Einem Sonnenuntergang, den wir irgendwann einmal irgendwo erlebt haben, und der noch viel schöner war als dieser hier, unvergesslich geradezu. Und während wir reden und schwärmen von einem Gestern, das längst vorbei und vorüber ist, verlischt die Sonne. Schade um den verlorenen Augenblick. Und schade auch um die Freude an diesem Sonnenuntergang, um die wir uns selbst gebracht, genau genommen betrogen haben.

»Das Glück deines Lebens hängt von der Beschaffenheit deiner Gedanken ab«, sagt der Philosoph Marc Aurel und hat zweifelsohne recht. Ich bin sicher, dass wir alle viel mehr Glücksmomente in unserem Alltag erleben könnten, als wir es gemeinhin tun, wenn wir achtsamer mit unseren Gedanken umgehen würden. Wer sich die Mühe macht, eine Woche lang seine ureigenen, ganz persönlichen »Froschkönig-Tage« auszurufen und in einer Art Glücksbuch all die kleinen und kleinsten Glücksmomente notiert, die er aufgrund positiveren Denkens erlebt, der würde staunen, wie reich sein Leben ist.

Ich habe einmal, um meine Wahrnehmung für meine negativen Gedanken spürbar zu schärfen, eine sogenannte »Negativkasse« geführt. Auf dem Flohmarkt erstand ich ein quittengelbes Sparschwein und stellte es unübersehbar dick und rund auf meinen Küchenschrank. Jedes Mal, wenn ich mich bei negativen Gedanken ertappte, habe ich einen Euro in das Schwein gesteckt. Ich war erstaunt, wie gut es diesem Tier bei mir ging, wie erschreckend schnell es vollgefüttert und fett war.

Allein um Geld zu sparen habe ich schließlich angefangen, meine Gedanken gut zu kontrollieren und in eine positivere Richtung zu lenken, das heißt, das sprichwörtliche Wasserglas eben nicht als »halbleer«, sondern als »halbvoll« zu bezeichnen und mich, wenn ich auf der rechten Rheinseite gefahren bin, darüber zu freuen und nicht sehnsüchtig zur linken hinüber zu schielen.

Fest steht: Demjenigen, der einen unerschütterlichen Glauben daran hat, dass Freudvolles geschehen wird, dem wird Freudvolles geschehen. Anders ausgedrückt, durch unsere Gedanken können wir die Freude fördern oder behindern, ausgraben oder vergraben. Ich glaube, wir alle würden staunen, welche Wandlungen in unserem Leben eintreten, wenn wir uns wirklich bemühten, das Gute von früh bis spät zu bejahen, wenn wir versuchen würden, den lieben langen Tag nichts Negatives zu denken, jegliches Minus als Hinweis für ein kommendes Plus betrachten, jeden Mangel als Hinweis für kommende Fülle. Ab und zu sollten wir uns sagen: Manchmal muss eine Tür zufallen, damit eine andere sich öffnet.

Während einer Zugfahrt habe ich einmal zwei Kinder erlebt, Geschwister, die von einer mitreisenden älteren Dame Schokoladenkekse geschenkt bekommen hatten. Und weil der Junge Geburtstag hatte an jenem Tag, durfte er sich zwei Kekse nehmen, das Mädchen aber bekam nur einen. Für einen Moment schien die Kleine unzufrieden mit der Situation. Sie stand da, schielte auf die Kekse des Bruders und verzog das Gesicht. Tränen schienen im Anmarsch. Dann aber machte sie etwas, was mich beeindruckt hat. Anstatt sich zu beklagen oder gar zu weinen, brach sie ihren Schokoladenkeks in der Mitte durch und rief: »Guck, ich habe auch zwei!«

Natürlich erfordert die Disziplinierung unserer Gedanken Geduld wie alles Gute im Leben und gelingt nicht gleich am ersten Tag. Aber wenn wir uns stetig bemühen, auf unser Denken achtzugeben, gelingt es uns immer besser und irgendwann fühlen wir uns auch besser, fühlen uns leichter und heiterer, gelassener und glücklicher. Glück, will ich damit sagen, ist nicht allein Glückssache, sondern auch und vor allem »Chefsache«. Denn der Chef unserer Gedanken, das sind immer noch wir selbst.

Ich stelle mir manchmal vor, mein Leben sei eine Glocke, eine wunderschön gegossene Glocke, die ich Tag für Tag durch meine guten Gedanken zum Klingen bringen möchte. Wer schon einmal versucht hat, eine Glocke zu läuten, der weiß, wie schwierig das ist und wie viel Geduld und Übung und auch Fingerspitzengefühl es erfordert, denn die Töne entstehen erst dann, wenn wir nicht nur am Seil ziehen, sondern es auch loslassen. Und so klingt meine »Lebensglocke« an jedem Tag anders. Das Loslassen an den richtigen Stellen aber bringt sie zum Klingen. Und um genau diesen Wohlklang bemühe ich mich.

Das quittengelbe Sparschwein hole ich übrigens von Zeit zu Zeit immer mal wieder hervor, dann nämlich, wenn sich in mein alltägliches Denken diese ungeliebten Strukturen wieder einschleichen.

Dem Augenblick
ein Lächeln schenken

Auf, Herz, wach und bedenke,
dass dieser Zeit Geschenke
der Augenblick nur dein.
Was du zuvor genossen
ist als ein Strom verflossen,
was künftig – wessen wird es sein?

ANDREAS GRYPHIUS

Was uns der Dichter Andreas Gryphius hier in seinem Gedicht »Von der Eitelkeit der Welt« geradezu mahnend ans Herz legt, wissen wir natürlich alle: Die einzige Zeit, in der wir wahrhaftig und wirklich zu Hause sind, ist die Gegenwart, ist das Jetzt. Nichts anderes. Nichts davor und nichts dahinter.

Dennoch ist unsere Beziehung zur Gegenwart, zum Augenblick, alles andere als einfach. Eher das Gegenteil: eher schwierig. Warum das so ist? Vielleicht, weil wir mit dem Augenblick, diesem »mächtigsten aller Herrscher«, wie Friedrich Schiller ihn in seinem Gedicht »Die Gunst des Augenblicks« ehrfurchtsvoll nennt, oftmals recht unsensibel umgehen. Schlicht formuliert: Wir verlieren den Augenblick gar zu gern aus den Augen.

Mitunter ertappe ich mich dabei, dass ich denke, so, wie es jetzt ist, könnte es bleiben. Zumindest eine längere, eine gute Weile. Natürlich passiert das nicht, denn Zeit lässt sich nicht auf- und auch nicht anhalten. Zeit ist »im Husch da, im Husch vorüber«. Zeit lässt sich nur vertiefen, wesentlich machen. Das aber setzt voraus, dass wir gegenwärtig sind in ihr, anwesend, und ihrem feinen Herzschlag lauschen. Eine Kunst, die vor allem Kinder beherrschen. Ich weiß noch, wie ich meinen kleinen Neffen beim Kickern einmal gefragt habe, ob er sich an den Streich erinnern könne, den wir seiner Mutter im vergangenen Sommer mit der Fleischwurst gespielt hatten, dieser quietschenden Gummiwurst meines Hundes, die so täuschend echt ausgesehen hatte. Und wie er genickt und mich dabei völlig verständnislos angeguckt hat, als wolle er sagen: »Was redest du denn von damals, wo es doch jetzt so schön ist?«

Dem Augenblick ein Lächeln schenken ... Das ist nicht immer einfach. Ich habe einmal folgende kleine Geschichte gelesen: Da sitzt ein Mann an einem Fließband und muss Kerzen anzünden, eine nach der anderen. Und das tut er, konzentriert und gewissenhaft. Doch irgendwann blickt er auf und bemerkt voller Entsetzen, dass er eine der Kerzen vergessen hat. Der Docht brennt nicht. Und während er sich das Hirn darüber zerbricht, wie das passieren konnte, die Gedankenmühle gleichsam dreht und kurbelt, merkt er nicht, dass er über dieses Tun fünf andere Kerzen unangezündet vorbeiziehen lässt ... Diese Geschichte lehrt uns, was wir genau genommen alle wissen, aber irgendwie doch immer wieder zu vergessen scheinen: dass es Unsinn ist, gedanklich in Zeiten umherzuirren, die wir nicht beeinflussen können. Was wirklich zuverlässig ist, was wir gestalten dürfen, ist das Jetzt. Jedes Nach-hinten-Denken, jedes Vorausgrübeln und jedes Fest-halten-Wollen prellt uns letztlich um den Genuss der Gegenwart, den eigentlichen Wert der Zeit.

An einer Hauswand in Tirol las ich einmal an einem Neujahrsmorgen: »Wenn du das Geheimnis kennst, den Augenblick zu nutzen, kennst du das ganze Geheimnis des Lebens.« Diese schlichten Wor-te schienen mir ein verspätetes Geschenk des Christ-kindes zu sein. Im Hier und Jetzt suchen und – ganz wichtig! – im Hier und Jetzt finden, so lautet die Aufgabe.

Nun erleben wir zu oft Augenblicke, die so gar nicht nach unserem Geschmack sind, weil wir sie uns ganz anders vorgestellt haben. Und was tun wir in Augenblicken, die nicht halten, was wir uns von ihnen versprochen haben? Wir gehen auf Distanz zum Augenblick, fremdeln sozusagen.

Lassen wir erneut unsere Fantasie spielen. Malen wir uns aus, es ist Freitagabend und wir beschlie-ßen, übers Wochenende ans Meer zu fahren. Unser

Hotel, das wir spät in der Nacht erreichen, ist ein wenig in die Jahre gekommen, aber durchaus charmant und blickt mit großen Fenstern direkt aufs Wasser. Kaum liegen wir im Bett, hören wir das Meer rauschen, diesen alten »Märchenerzähler«, wie Rose Ausländer es in einem ihrer Gedichte nennt. Wir riechen und schmecken seinen salzigen Duft, lauschen dem Lied der Wellen, diesem »unablässigen, tiefen Atmen der Welt« (Albert Camus), diesem Herzschlag aus Wasser, und freuen uns auf den morgigen Tag. Denn hier am Meer, das spüren wir sogleich, weiten sich unsere Gedanken, sie brechen aus, verlassen eingefahrene, enge Denkmuster, mäandrieren, spielen mit luftigen Worten voller Weite. »Unendlichkeit«, flüstert es wellenschlagend, »Freiheit«. Staunend lauschen wir und schlafen ein.

Gleich am Morgen springen wir aus dem Bett und eilen zum Fenster, voller Freude und Erwartungen – und dann das! Kein »ozeanisches Gefühl«, kein Sonnenschein am weiten klaren Himmel, keine heitere, lieblich blaue See, die uns entgegenlächelt – nein, es regnet. Der Himmel hängt wie ein tropfnasser Putzlappen über der Welt. Graue Trostlosigkeit, soweit das Auge reicht. Stumm vor Entsetzen und Enttäuschung stehen wir da. Landunter-Stimmung.

Nun können wir viel Zeit damit verbringen, über das Wetter zu schimpfen. Wir können auch jammern, dass immer nur uns so etwas passiert, können trotzig wie Kinder im Bett liegen bleiben oder gleich wieder nach Hause zurückfahren. Wir können aber auch etwas ganz anderes tun. Bildhaft gesprochen können wir diesem Augenblick, der so gar nicht in unser Konzept vom geglückten Wochenende passt, ein Lächeln schenken, um ihm zu signalisieren, dass er so, wie er ist, völlig in Ordnung ist.

Das aber bedeutet, dass wir Abschied nehmen von der Idealvorstellung, die wir von ihm hatten, dass wir alle die vorgefertigten Bilder von Meer und Sandstrand, Baden und Bräunen, alle diese Entwürfe in unserem Kopf loslassen und stattdessen den Augenblick gutheißen und annehmen, so wie er nun einmal ist. Ja zu ihm sagen, ohne Wenn und Aber, ohne Murren. »Der kluge Mensch passt sich den Umständen an«, rät ein japanisches Sprichwort, »wie das Wasser die Form der Vase annimmt, die es umschließt.« Und das ist das Faszinierende. Wenn wir den Augenblick so annehmen, wie er nun einmal ist, ihn anlächeln, dann passiert zwar nichts mit dem Augenblick, aber es passiert etwas mit uns. Es ist, als würde sich eine Tür öffnen, die vorher verschlossen war. Eine Tür, die in die Tiefe des Augenblickes führt, dorthin, wo das Leben höchst selbst uns mit Freude begrüßt und beschenkt, wo es unser Tun mit einem Schub unverhoffter Energie belohnt.

Jeder von uns hat solche unerwarteten Energieschübe schon erlebt. Dann zum Beispiel, wenn wir eine wichtige Entscheidung fällen müssen und wir es uns nicht einfach damit machen, hin und her überlegen, sorgsam abwägen und dennoch zu keinem Ergebnis kommen. Der Prozess ermüdet, macht unglücklich, quält uns sogar, bis wir endlich die Entscheidung treffen. Doch in genau diesem Moment wächst uns Kraft zu. Und diese Kraft hat weniger mit dem zu tun, wofür wir uns entschieden haben, als vielmehr mit der Entscheidung selbst. Unser Tun hat diese Energie freigesetzt, die vorher nicht in uns war, zu der wir zumindest keinen Zugang hatten, solange wir – wie jener unentschlossene Esel, der zwischen zwei Heuhaufen verhungert – uns gedanklich in der Schwebe befanden.

Genauso kraftvoll ergeht es uns, wenn wir Ja zum Augenblick sagen. Dieses Ja setzt eine Energie, eine Lebendigkeit in uns frei, die uns in der doppelten Bedeutung des Wortes aufbrechen lässt. In unserem Fall vom Ausflug ans Meer könnte das so aussehen: Nehmen wir an, wir stehen immer noch am Fenster und blicken der Welt ins ergraute Gesicht. Nur machen wir ihr jetzt keinerlei Vorwürfe mehr, sondern sagen ihr freundlich: »Es ist, wie es ist ...« Das ist der wichtige Moment. Das ist der Moment, in dem wir in die Tiefe des Augenblickes eintauchen und damit auch in unsere eigene Tiefe. Dorthin also, wo unsere Intuition, unsere Lebensfreude, unsere Lebenskraft sitzt, eine göttliche Kraft, die hoch kreativ ist. Durch die Berührung mit dieser so lebendigen Tiefe, dieser so lebendigen Mitte kommt etwas in Bewegung in uns. Und schon sprühen wir vor Ideen, was wir an diesem Regentag alles tun könnten. Möglichkeiten gibt es reichlich und genug, Freiheiten auch. Voraussetzung allerdings für jegliches beglückende Tun an einem Tag, den wir uns so ganz anders vorgestellt haben, ist das Annehmen dessen, was ist, ist das Ja-Sagen. Ein Ja, das frei ist von jeglicher Bewertung, von allem Urteil, von allem Vergleich. Mit anderen Worten: ein Ja, das Liebe ist.

Goethe hat einmal geschrieben, dass Gedichte wie Kirchenfenster seien: von außen betrachtet eher dunkel, aber wenn man hineingeht, dann entfalten sie ihre ganze Farbenpracht. So ist es letztendlich auch mit diesen ungeliebten Augenblicken in unserem Leben. Erst wenn wir uns einlassen, Ja sagen, erst wenn wir entschlossen in solch einen Augenblick »hineingehen«, werden wir belohnt. Nur von außen zu gucken reicht nicht.

Und so besuchen wir, um unsere kleine Fantasie abzuschließen, gleich nach dem Frühstück zwar nicht das Meer, das verregnete, dafür aber das Wellenbad, das ganz in der Nähe unseres Hotels ist, und tauchen dort ins freundliche Nass ein. Und wir genießen: Wir lassen uns sinken und heben mit den Wellen, wiegen und schaukeln, tauchen ein in einen Zustand schönster Schwerelosigkeit, fühlen uns leicht, als hätte das Wasser alle Spannungen von uns genommen, alle Belastungen aufgelöst, alle überflüssigen Gedanken verdunsten lassen. Wir lauschen unserer eigenen Lebensmelodie. Und siehe da: Am Nachmittag reißt der Himmel auf und der Regen macht blau.

Nun gibt es eine geradezu klassische Situation, in der wir dem Augenblick unser Lächeln beinah standhaft verweigern. Ich meine das Warten. Ein Zustand, den wir erstaunlich oft erleben: Wir warten auf den Besuch, der sich zum Essen angemeldet hat, auf den Bus, der uns in die Stadt bringen soll, wir warten, dass der Arzt uns endlich in sein Sprechzimmer bittet, warten an der Kasse, an der Ampel, warten aufs Wochenende, auf eine gute Gelegenheit, wir warten und warten.

Manchmal liegt das Ereignis, auf das wir sehnsüchtig warten, auch in weiter Ferne: Wir warten auf den nächsten Urlaub, die neue Kleidergröße, die uns am Ende der Diät versprochen ist, oder darauf, dass wir endlich die sind, die wir eigentlich schon immer sein wollten, und endlich so leben, wie wir eigentlich schon immer leben wollten.

Die Zeit, in der wir auf etwas warten, empfinden wir selten als angenehm. Warum? Ganz einfach: weil unsere Beziehung zum Augenblick in jeder Warteschleife, in der wir uns befinden, alles andere als freundschaftlich ist. Eher im Gegenteil: Wir sind dem Augenblick feindlich gesonnen, denn wir lehnen ihn zugunsten eines anderen, eines besseren ab, wie wir meinen. Wartend interessiert uns nicht das Jetzt. Wartend interessiert uns allein das Später, das Nachher, jener Augenblick also, der uns endlich das bringt, was wir uns so sehnlich wünschen.

Wartend empfinden wir den jetzigen Augenblick als überflüssig und unzureichend, den kommenden dagegen als erfüllt. Und doch sind auch diese Augenblicke, von denen wir nur wünschen, dass sie endlich vorübergehen, das Kostbarste und Wertvollste, das wir besitzen: Lebenszeit nämlich, unwiederholbar und durch nichts zu ersetzen. Und deshalb macht es Sinn, wartend nicht länger zu warten, sondern auch und gerade zu diesem Augenblick konsequent Ja zu sagen. Sich einzulassen und wahrzunehmen, was um einen herum ist, die Sinne einschalten, augenblicklich werden und spüren, dass wir in der Tiefe des Seins in Berührung kommen mit der eigenen Tiefe, in der Freude wohnt, wo das Leben uns mit Freude beschenkt. Eintauchen, sich vom Augenblick »durchtränken« lassen.

Ich habe einmal, weil ich während einer Wanderung einen Moment lang ausruhen wollte, eine Pause in einer kleinen Kirche am Wegesrand gemacht. Beim Hereinkommen hatte ich das getan, was ein Schild mir empfahl. Ich hatte auf den Schalter neben der Tür gedrückt. Licht flammte auf, der barocke Altarraum erstrahlte in glänzendem Gold. Ich betrachtete die makellosen Gesichter der Heiligen, in deren Mundwinkeln ein Lächeln spielte. Dann plötzlich ein Klacken. Das Licht war erloschen. Alle Schönheit verschluckt. Ich stand auf, drückte den

Schalter erneut und kehrte an meinen Platz zurück. Und wieder beglückte mich das glänzende Gold und der Anblick der Heiligen, deren geheimnisvolles Lächeln vom Altar zu mir herüberschwebte. Bis es neuerlich klackte. Diesmal blieb ich sitzen. Und je länger ich in den dämmrigen Raum hineinschaute, desto mehr entdeckte ich darin. Ich sah den Flügel eines Engels, auf den eine Handvoll Tageslicht fiel, den Umhang eines Pilgers, der im Schein der Kerzen mächtige Falten warf, entdeckte in der Fensterscheibe über dem Altar einen Tupfen Rot, der wie ein riesiger Blutstropfen vom Himmel zu fallen schien. Und auf einmal wusste ich, warum diese Heiligen so seltsam lächelten: weil sie mir vor Augen führen wollten, dass nicht allein das Vordergründige, das offensichtlich Strahlende eines Augenblickes einen Wert hat, sondern auch das, was im Verborgenen blüht. Jene unscheinbare Fülle also, die wir nur mit Ausdauer entdecken, die uns dann aber mit einer ganz besonderen Freude belohnt.

Wenn wir diese versteckte Fülle und Schönheit eines Augenblicks so gar nicht sehen können, kann es helfen, die Augen zu schließen und uns vom Leben blindlings berühren zu lassen. Das können wir jederzeit ausprobieren. Zum Beispiel, wenn wir das nächste Mal auf jemanden warten oder an einer Haltestelle stehen. Kurz die Augen schließen und nichts tun, nur ergreifen lassen, in die Tiefe des Augenblickes sinken und dort ganz wach, ganz aufmerksam sein. Die Seele baumeln lassen. Bewusst einatmen und das Gefühl von wohliger Ruhe und Weite in der Brust genießen. Kopflos sein, im besten Sinne des Wortes. Nichts denken. Nichts wollen. Nichts erhoffen. Loslassen. Nur fühlen. Nur sein. Lauschen, riechen, schmecken, tasten. Ehe wir uns versehen, entspinnt sich ein Dialog zwischen uns und dem Augenblick. Denn jetzt reden die Ohren, weil sie endlich hören dürfen. Die Nase füllt sich mit Gerüchen und, wenn wir Glück haben, sogar mit Düften, und die Zunge weiß, ob und wie ihr das Leben gerade schmeckt. Dabei lauschen wir ruhig auch einmal in unsere eigene Tiefe hinein, in unseren Körper, und spüren dem nach, wie lebendig wir uns eigentlich fühlen in diesem Augenblick. Ich mache das besonders gern, wenn ich beim Einkaufen an der Kasse warten muss oder mit dem Auto vor einer roten Ampel stehe.

Dass eine solche Verankerung im Hier und Jetzt wesentlich mit Glück und Zufriedenheit zu tun hat, erzählt der Philosoph Friedrich Nietzsche in seinen »Unzeitgemäßen Betrachtungen« auf sehr bildhafte und damit, wie ich finde, auf sehr eindringliche Weise. Er beginnt so: »Betrachte die Herde, die an dir vorüberweidet: Sie weiß nicht, was gestern, was heute ist, springt umher, frisst, ruht, verdaut, springt wieder, und so vom Morgen bis zur Nacht und von Tage zu Tage ...« Nun kommt in dieser Geschichte, in die uns der eigenwillige Philosoph verwickelt, ein Wanderer daher und möchte wissen, warum die Tiere auf der Weide so herrlich zufrieden sind und so gar nicht schwermütig und überdrüssig wie die Menschen. Eines der freundlichen Tiere will ihm antworten, dass es damit zu tun hat, dass es immer gleich wieder vergisst, was es sagen will, weil es am »Pflock des Augenblicks« angebunden ist. Anders ausgedrückt: weil es »unhistorisch« lebt, reine Gegenwart ist und deshalb nicht mit Vergangenem, sondern ausschließlich mit dem Jetzt beschäftigt ist. Doch in dem Moment, da das Tier sprechen will, hat es die Antwort bereits wieder vergessen, weil es eben nichts als reine Gegenwart ist. Also schweigt es und der Wanderer geht ein wenig verwundert davon, denn das Schweigen des Tieres weckt in ihm die Erinnerung an ein »verlorenes Paradies«, wie es im Text heißt. Dieses verlorene Paradies, von dem der Wanderer hier eine Ahnung bekommt, hat mit einem hemmungslosen, mit einem »tierischen« Ja zum Augenblick zu tun.

Neulich sah ich beim Spaziergang in den Weinbergen eine lilafarbene Taubnessel am Wegesrand, über die jemand achtlos ein Stück Plastiknetz geworfen hatte, wie man es im Weinbau verwendet. Kein leichtes Schicksal für die zierliche zarte Pflanze mit den violetten Blüten. Was tat sie in ihrer Bedrängnis? Ganz einfach – oder auch nicht: lila lächelnd ist sie durch die Löcher des Drahtes hindurch gewachsen. Was für ein blühendes Ja!

Aus dem Leben
ein Fest machen

Gedenke zu leben!
Wage es, glücklich zu sein.

JOHANN WOLFGANG VON GOETHE

Es war ein besonderer Abend damals. Eigentlich eine besondere Nacht, eine Art Sommernachtstraum. Ich war bei Freunden zu einem Hauskonzert eingeladen. Der Raum, in dem der Flügel stand, war voll behaglichem Luxus und verbreitete eine zauberhafte Atmosphäre. Goldenes Kerzenlicht allüberall, dazu die weit geöffneten Türen zum Garten hin, der Duft blühender Rosen und am samtschwarzen Himmel ein orangefarbener Mond, der von Zeit zu Zeit wie ein rundes Kindergesicht neugierig hinter den Wolken hervorschaute. Eine betörend schöne Sommernacht also, in der ich zum ersten Mal die »Goldberg-Variationen« hörte, jene dreißig Tongirlanden von Johann Sebastian Bach, die genauso abwechslungsreich wie anmutig sind.

Während ich der »Aria« lausche, jenes ergreifende Eingangsstück, zu dem am Ende alles zurückkehren wird, spaziert mein Blick entlang der

Gemälde und Gobelins, der Heiligenfiguren, Engel und Putten hin zu einer Vitrine mit alten Büchern und von dort zu einem gekreuzigten Jesus, der hoch über einer Flügeltür hängt. Barock, wie ich später erfahre, sehr wertvoll. Das Tuch um seine Hüften ist glänzend und golden und wie aufgeschwungen, als würde ein Luftzug es spielerisch in die Höhe ziehen. Erst bei genauerem Hinsehen fällt mir auf, dass der schmale Körper dort oben ohne Kreuz an der Wand hängt. Für einen Moment bin ich irritiert. Ein Gekreuzigter ohne Kreuz, das ist irgendwie unvollständig, fehlerhaft. Mein Geist meldet sich zu Wort. Das kennt er nicht, das will er nicht. Aber die Bach'schen Klänge versöhnen ihn und lassen ihn schweigen. Auch dieser Jesus ist die Variation eines Themas, eines göttlichen Themas, das am Ende zum Anfang zurückkehrt.

Der Körper an der Wand ist – wie das goldene Tuch auch – ein einziger Schwung in die Höhe. Selbst der Kopf liegt nicht schwer auf der Brust. Der Gekreuzigte hat ihn in den Nacken gelegt, beinah so, als suche er den Blick zum Himmel, den Kontakt nach oben. Aber er schaut nicht hinauf, die Augen sind geschlossen, der Blick gebrochen. Er hat es geschafft, längst geschafft. Gelöst sieht er aus, glücklich. Ein Schlafender, der kein Schlafender ist. Ein Toter, der kein Toter ist. Ein Erlöster. Ein Lebendiger. Und je länger ich ihn im flackernden Kerzenlicht betrachte, umso lebendiger scheint er mir zu werden. Als würde die Musik ihm Atem einhauchen. Plötzlich ist er kein gequälter Schmerzensmann mehr, plötzlich ist er ein Mensch, der sein Kreuz losgelassen hat, der aus finsterem Leid neu geboren ist, der sich dem Leben wieder zuwendet, ihm zuruft: »Eines aber tue ich, ich vergesse, was hinter mir liegt, und strecke mich nach dem aus, was vor mir ist.« Ein Begeisterter also. Ein Ja-Sager, ein Liebender, ein Loslasser. Einer, der mit seinen weit geöffneten Armen die ganze Welt umarmen möchte.

Und während ich der Musik lausche, springt sein Funke auf mich über. Von einem Moment zum anderen bin ich voller Freude, fühle mich leicht und schwerelos wie ein Kinderlachen und möchte jetzt auch die Welt umarmen, möchte alles, was da lebt und atmet, die Schöpfung in all ihrer unglaublichen Schönheit, an mein Herz drücken, um das Leben zu feiern, zu genießen. Das Leben, nichts Schöneres als das Leben. Unendliche Variationen eines einzigen Themas und immer wieder neu, immer wieder anders. Welch ein Geschenk! In jedem Augenblick haben wir die Möglichkeit, Altes loszulassen und uns Neuem zuzuwenden. Wir dürfen neu anfangen. Wieder und wieder. Bei Gott ist alles möglich ...

Applaus ertönt. Der Kreis der Goldberg-Variationen hat sich geschlossen. Die Musik ist verstummt. In mir aber klingt es weiter und immer weiter wie eine Melodie, ein leiser Duft, ein Lied von all den Möglichkeiten, die das Leben immer wieder neu schenkt. Und mein Herzt tanzt in den Himmel. Der rundgesichtige Mond, der hinter den Wolken hervorschaut, und der Duft des Sommers, der zur Tür hereinweht, der samtschwarze Himmel und eigentlich alles in dieser Nacht scheint nur eine einzige Botschaft zu flüstern: Aus dem Leben ein Fest machen.

»Aus dem Leben ein Fest machen.« Das klingt einfacher als es ist. Freunde von mir feiern in jedem Jahr ein sogenanntes »Kirschblütenfest« in ihrem Garten. Seit mehr als zwanzig Jahren machen sie das und nehmen dabei keinerlei Rücksicht auf das Wetter. Gefeiert wird unter jedem Himmel, denn, so lautet ihr ganz persönliches Credo, bei schönem Wetter feiern kann jeder. Ein Satz, der mir gefällt, weil er sich so ausgezeichnet auf das Leben über-tragen lässt. Feiern ist eine Kunst, vor allem dann, wenn die Begleitumstände nicht so sind, wie wir sie gern hätten. In schlechten Tagen schöne Dinge tun, habe ich einmal gelesen. Eine gute Idee. Das könnte durchaus helfen, das Leben gerade in »Schlechtwet-terperioden« zu feiern.

In schlechten Tagen schöne Dinge tun, vielleicht auch mal ganz andere Dinge als gewöhnlich tun. Dinge, die wir bisher nicht ausprobiert haben, aus welchen Gründen auch immer. Neugierig sein. Of-fen. Tradiertes loslassen und Neues versuchen.

Eine Bekannte von mir, eine nüchtern denkende Geschäftsfrau, hatte mir gleich nach dem Erscheinen meines Buches »Das Leben ist ein Abenteuer oder gar nichts« achselzuckend mitgeteilt, dass sie mit den Baumgeschichten darin nichts anfangen könne. »Zu esoterisch«, hat sie gesagt, »nichts für mich.« Monate später – auf dem Kalender stand das Erntedankfest – fragte sie mich: »Willst du wissen, für wen ich heute Morgen in der Kirche eine Kerze angezündet habe?« Ich nickte. »Gestern habe ich wie jedes Jahr die Nüsse im Garten meiner Mutter aufgesammelt. Dabei ist mir aufgefallen, wie mächtig und prächtig dieser Walnussbaum im Lauf der Jahre geworden ist. Plötzlich – und ich kann dir wirklich nicht sagen, warum – habe ich mich wie in Kindertagen unter ihn gesetzt. Einfach so. Ich habe mich völlig meinem Gefühl überlassen. Dann habe ich mich sogar hingelegt, die Arme hinter dem Kopf verschränkt, und den Baum betrachtet. Nein – eigentlich habe ich ihn beobachtet, jede seiner Bewegungen, seine Licht- und Schattenspiele, habe dem Rascheln seiner trockenen Blätter gelauscht und hatte das Gefühl, dieser sanfte Riese würde zurückblicken. Es war wie ein Energieaustausch zwischen uns. Ich konnte viel freier atmen und habe mich so leicht gefühlt, so beschwingt. Als ich aufstand, war auf einmal dieser erstaunliche Gedanke in meinem Kopf, für den Baum eine Kerze anzuzünden. Und genau das habe ich gerade getan.«

Über diese Baumgeschichte habe ich mich tagelang gefreut, weil sie ein wunderbares Beispiel dafür ist, dass unser Leben in jedem Augenblick ein Fest sein kann, dann nämlich, wenn wir Antrainiertes loslassen und einfach einmal Neues, Spontanes wagen und uns diesem Neuen auch wirklich öffnen, es mit allen Sinnen empfinden und genießen. Solches Empfinden bedeutet Glück. Glück muss also kein spektakuläres Ereignis sein, vielmehr kann es ein kleiner, stiller Moment sein, in dem wir uns selbst verwöhnen.

»Das Glück kann nicht wie ein mathematischer Lehrsatz bewiesen werden, es muss empfunden werden, wenn es da sein soll. Daher ist es wohl gut, es zuweilen durch den Genuss sinnlicher Freuden von Neuem zu beleben; und man müsste wenigstens täglich ein gutes Gedicht lesen, ein schönes Gemälde sehen, ein sanftes Lied hören – oder ein herzliches Wort mit einem Freunde reden, um auch den schöneren, ich möchte sagen den menschlicheren Teil unseres Wesens zu bilden.« Diese fröhliche Ermunterung stammt von einem, der zutiefst gelitten hat: dem Dichter Heinrich von Kleist. Mich rühren diese Worte jedes Mal, wenn ich sie lese, zutiefst an. Dass gerade einer, der freiwillig aus dem Leben gegangen ist, weil ihm »auf Erden nicht zu helfen war«, uns mit zärtlicher Intensität auffordert, das Leben in solch stillen Momenten zu feiern!

Immer schon gefiel mir das Wort »Feierabend«: am Abend gemeinsam das Leben feiern. Dann also, wenn die Arbeit geschafft ist, die Glocken unzähliger

Kirchen den verbleibenden Rest des Tages einläuten. Aber wie genau sehen unsere »Feierabende« denn eigentlich aus? Abwechslungsreich wie die »Goldberg-Variationen«? Immer wieder anders? Immer wieder neu? Feiern wir sie – und auch uns! – auf unterschiedlichste Art und Weise oder verbringen wir sie doch eher in festgefügten, recht unlebendigen Strukturen? Ich selbst ertappe mich immer wieder dabei, dass ich mich am Ende eines anstrengenden Tages entgegen aller guten Vorsätze doch wieder vor jenem Apparat wiederfinde, der per Knopfdruck Leben in bunter Fülle ausspuckt. Flimmerleben.

In Kindertagen, als es nur drei Programme gab, pflegte mein Vater nach dem Abendessen gern zu verkünden, wie wichtig die »Tagesschau« sei. Nur blieb es nie allein dabei. Schließlich kam im Anschluss daran der schöne Tierfilm von Professor Grizmek, das lustige Ratespiel mit Robert Lemke oder ein spannender Fall für Erik Ode als Kommissar. Schon als Kind vermittelte sich mir so der Eindruck, dass der Fernsehapparat zu jenen Geistern gehört, die man nicht mehr los wird, wenn man sie einmal gerufen hat.

Natürlich ist nichts gegen gemütliche Fernsehabende einzuwenden. Sie dürfen nur nicht in Lethargie, in Bewegungslosigkeit enden. Lots Weib erstarrte vor Neugier. Man kann auch vor Langeweile vor dem Fernseher erstarren und dabei in der Flut der Bilder das eigene Leben aus den Augen verlieren. Vom Feiern dieses Lebens am Abend kann in solchen Momenten wohl kaum die Rede sein.

Warum also nicht einmal den Feierabend ganz anders nutzen und anstelle von »Ich glotz TV!«, wie Nina Hagen einst schrill und provozierend sang, unseren eigenen Film, unsere eigene Tages-Schau einschalten? Abschalten, im doppelten Sinn des Wortes, und uns in aller Ruhe und Gelassenheit in uns selbst zurückziehen, ganz bewusst die Aufmerksamkeit nach innen lenken, den Tag noch einmal an uns vorüberziehen lassen, mit wohlwollenden Augen auf das schauen, was gelungen ist. Feststellen, wo wir Freude geschenkt haben und wo wir sie empfangen durften, jede Begegnung mit einem Nächsten noch einmal aufleben lassen, um Worte, die uns erfreut haben, aufmunternde Blicke, ein Lächeln, eine Berührung neuerlich zu genießen. Bei diesen Streifzügen auch das, was weniger gut gelaufen ist, durchaus ein Weilchen anschauen. Vor allem mit dem Herzen, mit dem man ja bekanntermaßen besser sieht. Staunen, was uns alles begegnet ist. Kleinigkeiten beachten: Absurdes und Alltägliches, Gewöhnliches und Ungewöhnliches, Bewegendes und Banales. Vielleicht können wir auch einmal versuchen, dieses bunte Kaleidoskop »Tag« in Farben oder Worten einzufangen, indem wir ein Bilderbuch malen, ein Tagebuch schreiben, einen Sommer, einen Urlaub, eine Schwangerschaft, eine Trauerzeit lang. Wichtig ist nur, sich in sich selbst zurückzuziehen, um das Leben in seinem Leben ganz neu zu entdecken, um es zu feiern, hochleben zu lassen, um es herauszuheben aus dem Alltag. All das Schöne, das wir gesehen, geschmeckt, gehört, gefühlt haben, Geräusche, Gerüche, Gespräche, das Licht, die Farben, die Weite des Himmels ... Das Unsichtbare sichtbar machen.

Kreativität ist die wohl rätselhafteste und stärkste Kraft in der Welt. Und sie schlummert in jedem von uns und will nur geweckt sein. Am Ende des Tages den Tag nochmals zu erleben, ihn in Farben, Worte, in was auch immer zu verwandeln, kann eine wunderbare Art sein, das Leben zu feiern.

Während einem meiner Literaturseminare, in dem das Thema die Tagebücher berühmter Schriftsteller gewesen waren, hatte eine der Teilnehmerinnen uns folgende Geschichte erzählt: Zwei Jahre war es her, dass sie im Krankenhaus gewesen war. Die Diagnose lautete Nierenkrebs. Nach der dritten Chemotherapie war ihr gesundheitlicher Zustand plötzlich überaus kritisch gewesen. In dieser Situation, so nah am Tod, hatte sie ihre Tochter gebeten, ihr doch alle ihre alten Tagebücher mitzubringen. Mit einem Packen vollgeschriebener Schulhefte hatte sie im Bett gesessen und war lesend eingetaucht, ja regelrecht abgetaucht in ihr eigenes Leben. Sie war erstaunt und begeistert von der Fülle der kleinen und großen Glücksmomente, die sie erlebt hatte. Und plötzlich hatte sie sich ungeachtet ihrer Krankheit unendlich reich und beschenkt gefühlt. »Und wer weiß«, so hatte sie uns damals lächelnd anvertraut, »vielleicht war es dieses Gefühl, das ich beim Lesen meiner Tagebücher empfunden habe, dieses Gefühl von Reichtum und Fülle, das mir geholfen hat, stärker zu sein als die Krankheit.«

Sich am Abend nochmals mit dem zu beschäftigen, was über Tag gewesen ist, sich eine solch lebendige, liebende Besinnung zu gönnen, kann natürlich auch in einem Gespräch mit einem Menschen stattfinden, der lebendigen Anteil an unserem Leben hat. Ein solches Gespräch über das, was an diesem Tag gelungen und nicht gelungen ist, kann uns wesentlicher, aufrichtiger machen, kann uns helfen, eigene Fehler und Schwächen zu erkennen. Vielleicht hilft es uns auch zu durchschauen, dass mitunter das, was uns am anderen stört, wir selbst sind, dass wir uns falsch eingeschätzt haben. Manchmal kann ein gemeinsames Nachhalten all dessen, was am Tag passiert ist, ein Anstoß sein, Grenzen zu erkennen und zu akzeptieren.

Wir alle sind keine unbeschriebenen Blätter. Von Kindheit an haben sich Sätze in unser Lebensskript eingeschrieben. Sätze, die sitzen, sage ich immer, und die sich in den unpassendsten Momenten in uns zu Wort melden. Sätze – das zumindest ist meine Erfahrung –, die bei vielen Menschen sehr ähnlich klingen. Manchmal ist es wichtig, sich solche Festlegungen bewusst zu machen, um sie dann endgültig loslassen zu können. Genau dazu können die Gespräche am Abend helfen.

Idealbilder von uns selbst haben wir alle genug. Aber uns mit der Hilfe eines anderen so sehen, wie wir sind, wie wir zumindest an diesem Tag sind, weil das Leben wie das »Kirschblütenfest« meiner Freunde eben nicht nur bei schönem Wetter statt-findet, das ist wichtig und heilsam. Diese Art der Annahme weitet das Herz, schafft Raum für Fei-erlaune und für Liebe. Und nur ein Liebender hat die weit geöffneten Arme, die es braucht, um das Leben zu umarmen, zu feiern – in guten wie in schlechten Tagen.

Den Tisch des Lebens
mit Freude decken

Von der Kinderbuchautorin Mirjam Pressler stammt der wunderbare Buchtitel: »Wenn das Glück kommt, muss man ihm einen Stuhl hinstellen.« Genau so sollten wir es halten, wenn die Freude um Einlass bittet. Wir sollten sie auf das herzlichste begrüßen, sie hereinlassen und ihr auf jeden Fall und unbedingt den schönsten und bequemsten Stuhl anbieten, den wir besitzen, damit sie sich so recht von Herzen behaglich und wohl fühlt und Lust verspürt, bei uns zu verweilen. Ist sie doch ein ganz besonderer, segenbringender Gast. Ein Gast, der unser Dasein bereichert und einen Himmel in und über uns ausbreitet, unter dem wir auf das Trefflichste gedeihen. Deshalb sollten wir diesen Gast auch unbedingt zu uns an den Tisch bitten, ganz besonders herzlich sogar, denn gerade dort, wo es ums tägliche Brot geht, ist die Freude ungeheuer wichtig.

Freude am Essen, Tischfreuden, Tafelfreuden, in einer zumindest in unseren Regionen wohlgenährten Zeit, die ein Wort wie »Ess-Störung« im vollen Mund führt, keine leichte Aufgabe. Die einen essen viel zu viel. Die anderen essen viel zu wenig. Und die meisten essen viel zu schnell. Dabei sollte doch gerade das Essen, dieser elementare, existentielle Vorgang, etwas zur Freude in unserem Leben beisteuern. Essen heißt ja nicht nur sattwerden. Essen heißt, sich auf geschmackvolle Weise das Leben schmecken lassen, es genießen. Das heißt aber auch, dem Tag einen Rhythmus geben, Zeiten zelebrieren, in denen wir die Arbeit, den Alltag, die Pflichten für eine ausgesuchte Zeit loslassen dürfen.

Ich kann mich nicht sattsehen an Menschen, die langsam und mit Genuss essen. Für mich ist diese Achtsamkeit und Aufmerksamkeit bei Tisch gelebte Liebe zum Leben. Und für mich hat sie auch ein Gesicht aus meinen Kindertagen: Onkel Otto. Er ist für mich nicht nur eine Erinnerung, vielmehr auch Vorbild und Wegweiser. »Gutes braucht Zeit«, hat er gern gesagt. Und er hat es nicht nur gesagt, er hat es auch gelebt. Zumindest in den letzten Jahren seines langen Lebens, in denen ich ihn kennen durfte, Jahre, in denen er allein und eigentlich nur mit und für seinem Garten lebte, Jahre, die einen so gleichmäßig ruhigen Pulsschlag hatten wie der Rhythmus der Jahreszeiten. Bis zu seinem Tod hat er seinen Garten bestellt, sein Haus in Ordnung gehalten und – was mich als Kind unglaublich beeindruckt hat, weil ich Männer am Herd bis dato nicht erlebt hatte – bis zu seinem Tod hat er sich jeden Mittag eine Schürze umgebunden und etwas zu Essen gekocht. Dabei hat er alles, was sein großer Garten ihm schenkte, verarbeitet. Wer sein Haus durch die Waschküche betrat, kam zwangsläufig an dem Regal vorbei, in dem all die bunten Marmeladen-, Gelee- und Kompottgläser standen.

Bei Tisch hat er nur das Nötigste gesprochen. Und wenn er etwas sagte, dann auch nie schnell, nie hastig und nie mit vollem Mund. Er nahm sich Zeit für jedes seiner Worte und genauso nahm er sich Zeit für jeden Bissen. Beim Essen etwas anderes tun als zu essen, Zeitung zu lesen zum Beispiel, wie ich es mitunter mache, Fernsehgucken oder gar telefonieren, ich glaube, das wäre ihm nicht in den Sinn gekommen. Für ihn war es selbstverständlich, alle Aufmerksamkeit und Konzentration auf das zu richten, was vor ihm auf dem Teller lag. Im Gegensatz zu meinem Großvater, seinem älteren Bruder, hat er sehr leise gegessen. Er hat weder geschlürft, wenn es Suppe gab, noch die Schalen der Bohnen, die »Schlusen«, wie er sie nannte, auf den Tellerrand gespuckt. Noch heute sehe ich ihn in seiner Küche am Tisch sitzen, die Hände im Schoß gefaltet, mit diesem seltsam schiefen Lächeln im Gesicht, das aussah, als wäre es ihm irgendwann einfach verrutscht. Ich weiß nicht, ob er jemals in seinem Leben gebetet hat. Ich weiß nur, dass für mich jede seiner Mahlzeiten ein einziges Gebet war.

Essen wie Onkel Otto: Die täglichen Mahlzeiten zu Zeiten großer Ruhe und tiefen Friedens machen, zu Zeiten, in denen nicht nur der Körper, vielmehr auch Geist und Seele genährt werden. Solche Tafelfreuden sind ganz besondere Freuden, weil Liebe und Leben sich durchdringen, gemeinsam Mahl halten.

Während wir am gedeckten Tisch sitzen, ob allein oder in geselliger Runde, und mit allen Sinnen genießen, feiern wir nicht nur uns und das Leben, sondern auch den, der es geschenkt hat. Und deshalb sollten wir, unabhängig davon, ob wir eine große oder kleine Portion Glauben in uns tragen, einen Dank bereit haben. Danken bedeutet still werden, Sammlung, eintauchen in eine Atmosphäre purer Liebe, eine Verbindung mit Gott eingehen. Danken am Tisch kann heißen, ein leises oder lautes Gebet sprechen, eine Kerze anzünden, eine frische Blume in die Mitte stellen. Danken heißt, das Gute zu bejahen und die Gaben auf unserem Tisch als Geschenke zu erkennen, uns für einen Augenblick auf diese Geschenke zu konzentrieren, sie mit einem »Lächeln«, mit liebevoller Aufmerksamkeit zu würdigen und das nicht halbherzig zu tun, vielmehr mit ganzem Herzen bei der Sache zu sein. Das klingt einfacher als es ist.

Ich habe einmal folgende kleine Geschichte gelesen: Eines Tages kam Gott auf die Erde. Er sprach zu einem Bauern: »Wenn du ein Vaterunser betest, ohne die Gedanken rechts und links schweifen zu lassen, bekommst du von mir ein Pferd.« Der Bauer lächelte in sich hinein. Ein Vaterunser ohne die Gedanken abschweifen zu lassen? Nichts leichter als das, dachte er, starrte auf seine gefalteten Hände und begann zu beten. Ungefähr in der Mitte des Gebetes hob er den Kopf und fragte: »Und den Halfter, kriege ich den dazu?«

Was uns diese Geschichte sagt? Ganz einfach, dass halbherziges Tun nur allzu menschlich ist, wir aber – Gott sei Dank – lebenslänglich üben dürfen. Auch bei Tisch. Und das Schöne ist: Der Reigen der Mahlzeiten hört ja nie auf.

Nun kann eine reichlich gedeckte Tafel auch das Gegenteil von Freude bewirken. Dann nämlich, wenn wir mehr herunterschlucken, als auf unserem Teller liegt. Unangenehme Gefühle zum Beispiel wie Einsamkeit, Traurigkeit oder Wut oder dringend notwendige Worte über unseren ganz alltäglichen Ärger, unsere Frustration, Worte, die lange schon heraus wollen, die wir aber, aus welchen Gründen auch immer, zurückhalten. Solche »gefressenen« Gefühle, solche verschluckten Worte, denen wir keinen Raum in unserem Leben geben, keinen Platz an unserem Tisch anbieten, sind unverdaulich, liegen uns wie Steine im Magen und melden sich meist als Schmerzen wieder zu Wort. Das heißt: Wir sollten nicht länger schlucken, sondern vielmehr dem, was uns unangenehm aufstößt, Luft machen, das, was gesagt sein soll, in ansprechender Form servieren. Nicht festhalten, nicht speichern, vielmehr auftischen. All den Groll, all den Unmut und Missmut, den wir lange schon hegen, endlich herauslassen, loslassen.

Loslassen ist das Gegenteil von nachtragen. Nachtragen, ein sehr interessantes Wort, wie ich finde. Wenn wir jemandem etwas nachtragen, so führt es uns, wortwörtlich gesprochen, ihm hinterher und damit weg von unser selbst, weg von unserem eigenen Weg, von unserem eigenen Tisch. Als Nachtragende sind wir also seltsam Unfreie, weil wir an den anderen gefesselt sind. Wenn wir aufhören, einem anderen etwas nachzutragen, gehen wir also den umgekehrten Weg, den Weg zu uns selbst.

Bringen Sie also beherzt auf den Tisch, was lange schon auf den Tisch gehört. Halten Sie nicht länger kauend still. Würgen Sie nicht länger schweigend Gefühle herunter. Und antworten Sie auf die Frage »Schmeckt es?« auf gar keinen Fall mit Ja, nur weil Sie höflich sein wollen oder die Auseinandersetzung scheuen. Denn in solch »unverdaulichen« Situationen, in denen wir uns selbst aus den Augen verloren haben und mit Messer und Gabel die so dringenden Worte über unsere Befindlichkeit abschneiden, schaffen die erlesensten Speisen und die üppigsten Portionen es nicht, uns satt und zufrieden zu machen. Obwohl wir uns Bissen für Bissen füllen, fühlen wir uns am Ende so leer wie unser Teller. Um die Lebensfreude nicht zu verschlucken, ist und bleibt es also wichtig, die eigenen Bedürfnisse kennenzulernen und zu artikulieren, bewusst wahrzunehmen, was wir wollen und was uns schmeckt.

Wie kommt es, dass wir verschimmelte Wurst, die aus Versehen auf unserem Tisch landet, sofort entsorgen, weil sie uns den Magen verdirbt, vielleicht sogar krank macht, an krankmachenden Strukturen, die noch viel unbekömmlicher und gefährlicher für uns sind, dagegen jedoch hartnäckig festhalten? Es könnte an der Zeit sein, tatsächlich einmal tief Luft zu holen, auf den Tisch zu hauen und laut zu sagen: »Das schmeckt mir nicht! Das habe ich satt! Nun ist aber genug!« Denn die Freude geht nicht am Ausgesprochenen, sondern am Unausgesprochenen zugrunde. Vielleicht müssen wir gerade beim Essen anfangen aufzuhören: aufhören, unsere Bedürfnisse und Sehnsüchte herunterzuschlucken. Dann geht die Tür auf und sie kommt wieder herein, die Freude, nimmt Platz an unserem Tisch und lächelt. Kurzzeitig war sie verschwunden, ohne Adieu auf und davon, weil sie es nicht mag, wie Jonas vom Wal verschluckt zu werden. Jetzt aber ist sie wieder da und sorgt sogleich für eine heitere, gelassene, göttlich-gute Stimmung am Tisch unseres Lebens.

Du bist
in jedem Augenblicke neu

Du bist in jedem Augenblicke neu;
Drum sei dem Alten nicht so knechtisch treu.

CHRISTIAN MORGENSTERN

Loslassen heißt ankommen im Leben, heißt ganz und gar gegenwärtig sein, heißt neue Räume öffnen, die bisher verschlossen waren, heißt die Sehnsucht nach dem Himmel in uns offenhalten und heilmachende Berührungen von Mensch zu Mensch einzufordern.

Die wunderbaren Goldberg-Variationen von Bach haben mir auf spielerische Art und Weise einmal mehr deutlich gemacht, dass wir die Freiheit haben, in jedem Augenblick neu anzufangen. Natürlich liegt vieles in unserem Leben außerhalb unserer Entscheidungsmöglichkeiten. Aber vieles bestimmen allein wir selbst. Altes, Antrainiertes und Anerzogenes loszulassen, sich aus verkrusteten, regelrecht festzementierten Strukturen zu befreien, das alles ist keine leichte Aufgabe – aber eben eine mögliche. Wenn wir es wirklich wollen, können wir anfangen, neue Wege zu gehen, denn im Gegensatz zu unserer

Vergangenheit, die auf ewig festgeschrieben ist, formen wir unsere Gegenwart selbst. Manchmal ist es gut und wichtig, sich deutlich vor Augen zu halten, dass der einzige Mensch, der unser Leben verändern kann, wir selbst sind.

Leben kann rückwärts interpretiert werden, gelebt werden muss es aber nach vorn. Trotzdem ist der Blick zurück nicht nur erlaubt, vielmehr empfehlenswert, weil heilsam, denn er bringt uns in Kontakt mit uns selbst, zeigt uns die Richtung unseres Weges, lässt uns erkennen, dass es Dinge gibt, die verabschiedet sein wollen. Vielleicht ist das Altgewohntes, Liebgewonnenes, auf jeden Fall aber solches, dessen Zeit unwiderruflich abgelaufen ist.

Etwas zu verändern heißt ja nicht, das andere ungeschehen machen zu wollen. Etwas zu verändern heißt, die Fahrrinne wechseln, aufbrechen in neue Gewässer, den Mut zu haben, Verwandlungen zu begrüßen, um Eingefahrenes und Althergebrachtes, das sich überholt hat, in Zukunft anders zu machen.

Wir haben mit Hans im Glück begonnen. Wir wollen zum Schluss zu jenem fröhlichen Ja-Sager, der leichten Herzens loslassen kann, für den wahrer Wohlstand allein darin besteht, sich wahrhaft wohl in seinem Leben zu fühlen, zurückkehren. Bei aller Märchenhaftigkeit ein lohnendes Ziel, das auch wir anstreben sollten.

Loslassen heißt leicht werden, heißt mit einer gewissen Leichtigkeit durchs Leben gehen. Loslassen heißt aber auch tiefer werden, heißt zulassen, dass alles im Leben sich wandelt, dass alles Kommen und alles Gehen seine Zeit hat und dass alles das seine Zeit unbedingt braucht. Und vielleicht heißt loslassen auch akzeptieren, dass es manchmal erst schlimm kommen muss, damit es gut wird.

Deshalb meine Empfehlung: Halten Sie Einkehr, kommen Sie zur Ruhe, gönnen Sie sich ganz bewusst Auszeiten, Mußezeiten, Gebetszeiten. Gehen Sie in sich, erforschen Sie Ihr Inneres, versenken Sie sich gläubig, spüren, hören, erkennen Sie, wo loslassen, wo Befreiung angesagt ist. Machen Sie Ihr eigenes Leben heller und sonniger, indem Sie Antworten finden auf die Fragen: Wo ist die Zeit reif für Neues in meinem Leben? Wo darf, wo soll ich Altes loslassen? Wo kann ich neue Wege gehen?

Stellen wir uns vor, unser Leben sei ein großer, ein wunderschöner Walnussbaum und wir stünden unter seiner mächtigen Krone und sammelten alle Nüsse auf, die er uns freundlicherweise schenkt. Natürlich heben wir dabei ab und zu eine leere Schale auf. Das können wir gar nicht verhindern. Und was tun wir damit, ganz automatisch, ohne nachzudenken? Genau! – Wegwerfen. Weil es eben nur eine Schale ist, eine leere Hülle, weil das Eigentliche, das Wesentliche, das wir ja suchen, gar nicht mehr enthalten ist. Vieles von dem, was wir so krampfhaft hüten und horten in unserem Leben, ist auch nur so etwas wie eine Art leere Schale.

Also: Beginnen Sie jetzt und heute damit, Überflüssiges loszulassen, trennen Sie sich von all dem, was Ihnen schon lange lästig ist. Erinnern Sie sich daran, dass kleine symbolische Gesten ungeahnte Kräfte in Ihnen freisetzen, Kräfte, von denen Sie vielleicht gar nicht wussten, dass sie in Ihnen schlummern. Es gibt ein indianisches Sprichwort, das lautet: »Wenn dein Pferd tot ist, ist es Zeit abzusteigen.« Vielleicht gilt es auch in den Beziehungen loszulassen, die schon so lange kein Leben mehr in sich haben, die schon so lange abgestorben sind. Wer loslässt, schafft Platz für Neues. Wer loslässt, vertraut sich dem Fluss des Lebens an. Und ein so Vertrauender kann am Ende seines Weges eigentlich nur wie unser Märchenheld ausrufen: »So glücklich wie ich gibt es keinen Menschen unter der Sonne.«

Ich kenne eine Frau, die stramm auf die Hundert zugeht. Im wahrsten Sinne des Wortes übrigens: Es ist ein Vergnügen, sie durch die Stadt laufen zu sehen. Warum ich sie an dieser Stelle erwähne? Vielleicht, weil sie mir in vielerlei Hinsicht ein Vorbild ist. Stillstand, so hat sie mir einmal gesagt, ist für sie gleichbedeutend mit Tod. Mit fünfundachtzig Jahren ist sie noch einmal umgezogen, weil die Wohnung, in der sie Jahrzehnte gelebt hatte, ihr plötzlich zu groß war. Immer wieder neu beginnen, lautet ihre Devise, daran glauben, dass dort, wo etwas verlorengeht, Platz geschaffen wird, damit Neues, Gutes anfangen kann; für sich und andere beten und jeden

Tag etwas tun, was einem besonders viel Freude bereitet, gemäß dem Motto von Friedrich Hölderlin:
»Es ist nichts so klein und wenig, woran man sich
nicht begeistern könnte.« Ein Tun solcher Art, sagt
die alte Dame – und ist selbst der beste Beweis für
ihre These –, hält das Herz geschmeidig. Und ein
geschmeidiges Herz kann tanzen. Lebenslang – und
am Ende in den Himmel.

Petra Urban

Das Leben ist ein Abenteuer oder gar nichts

Spirituelle Frauengeschichten

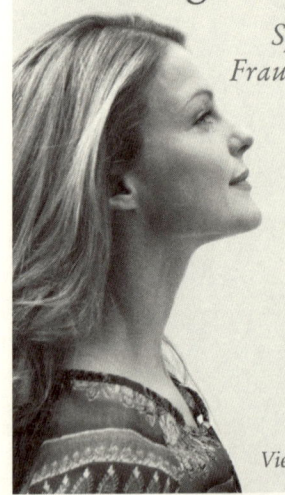

Vier-Türme-Verlag

Spiritualität im Alltag spüren

Petra Urban

Das Leben ist ein Abenteuer oder gar nichts
Spirituelle Frauengeschichten

157 Seiten, gebunden, 12 x 19,5 cm, ISBN 978-3-89680-495-2

als Hörbuch-CD (mit Gitarrenmusik von Barbara Hennerfeind): Spielzeit ca. 67 Min., im Jewelcase, ISBN 978-3-89680-849-3

Mit Humor und trotzdem tiefgründigt gelingt es der erfolgreichen literarischen Autorin Petra Urban das alltägliche als spirituelle Quelle für das Leben zu sehen. Sie schöpft dabei aus ihrer reichen Lebenserfahrung und gibt ungewöhnliche Antworten auf viele Lebensfragen.

Jede ihrer Geschichten hilft dabei, das zu erkennen, was uns oft einschränkt, es loszulassen und schließlich unserern eigenen Weg im Abenteuer des Lebens zu finden. Ihre Geschichten über Liebe und Abschiede, Traumfrauen und Blicke in den Spiegel ermutigen, regen zum Nachdenken an und zeigen, dass keine Frau mit ihren Hoffnungen, Wünschen und Ängsten alleine ist.

Vier-Türme-Verlag
Schweinfurter Straße 40, 97359 Münsterschwarzach
Tel. 09324 / 20 292 | Fax 09324 / 20 495
E-Mail: info@vier-tuerme.de

www.vier-tuerme-verlag.de